华章经管
HZBOOKS | Economics Finance Business & Management

聚裂

云+AI+5G的新商业逻辑

NEW
BUSINESS LOGIC

何振红 刘梦羽 张鹏 车海平 徐昙 王雷生 胡坤◎著

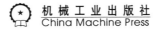

机械工业出版社
China Machine Press

图书在版编目（CIP）数据

聚裂：云+AI+5G的新商业逻辑/何振红等著．—北京：机械工业出版社，2020.1

ISBN 978-7-111-64608-2

I. 聚⋯　II. 何⋯　III. 商业模式 – 研究　IV. F71

中国版本图书馆CIP数据核字（2019）第301275号

聚裂：云+AI+5G的新商业逻辑

出版发行：机械工业出版社（北京市西城区百万庄大街22号　邮政编码：100037）
责任编辑：冯小妹　　　　　　　　　　　　　　责任校对：殷　虹
印　　刷：大厂回族自治县益利印刷有限公司　　版　　次：2020年1月第1版第1次印刷
开　　本：170mm×230mm　1/16　　　　　　 印　　张：15
书　　号：ISBN 978-7-111-64608-2　　　　　　定　　价：69.00元

客服电话：（010）88361066　88379833　68326294　　投稿热线：（010）88379007
华章网站：www.hzbook.com　　　　　　　　　　　　　读者信箱：hzjg@hzbook.com

版权所有 • 侵权必究
封底无防伪标均为盗版
本书法律顾问：北京大成律师事务所　韩光/邹晓东

FOREWORD | 推荐序一

"云+AI+5G"重构工业生态

中国工程院院士
邬贺铨

随着信息通信技术快速迭代和发展,我们实现了从"1G空白、2G跟随、3G突破"到"4G同步、5G引领"的跨越。5G开启了一个新的时代,它的出现会催生很多意想不到的新业态,是带动经济社会转型升级的重要引擎。

当前数字化进程加速,产业的数字化升级与智能化转型已经成为企业的战略制高点,其中尤以传统制造业的转型升级为代表。智能制造基本目标是"产业数字化",而数字化的第一步即是设备的联网,设备联网后即实现"Internet+",从而深入递进至智能化阶段。5G进一步激活了人工智能与物联网的深度结合,形成智联网(AIoT),开启万物互联的智能时代。

在智联网中云计算的作用越来越重要,云本身是一种集约化的应用，为了能够更好地利用数据进行分析，节约企业信息化成本，传统产业均会深度上云，积极利用云服务。5G除了提供空中接口低时延外，还需要云从单一的云演变为中心云和边缘云两级，使计算能力更靠近用户。

"云+AI+5G"的深度融合将重构工业的生产模式，实现工业产业链中各要素的互联互通，加速工业产业数字化转型。5G实现产业链上各个价值要素的互联互通，高带宽、低时延的特性能够满足对工业领域实时性场景的需求，而连接产生的大量数据汇聚到云端，由云为工业应用提供多元算力，最后由AI平台对工业数据进行训练和推理。ICT技术融入工业产业发展中，可以实现工业互联的全流程信息感知和事件决策，直接驱动智能终端和智能机器人从工具向助理的角色转变，使工业产业摆脱以往"粗放、低效、高能耗"的生产模式，向着"高品质、高能效、智慧化"的方向发展。这种智能化转型不是简单地应用新技术，终极目标是重新定义客户价值，开拓全新业务模式和颠覆固有的工作方式。

本书主要探讨如何通过"云+AI+5G"的技术聚合，促进形成新的产业生态和新的商业逻辑。本书还展望物联网、边缘计算、异构计算、量子计算等新技术，它们将会与"云+AI+5G"融合，进一步增强向数字化、智能化转型的能力。

本书作者对华为公司有较为深入的调研，总结了华为"云+AI+5G"的战略实践，特别是华为与各类企业紧密合作推进数字化转型的丰富经验，涉及行业广泛，企业类型众多，覆盖产业链的各环节，而且渗透到企业管理与运行机制多方面，案例鲜活而生动，转型效果显著，很有参考价值。

希望华为这样的公司始终以担当使命责任的姿态勇立时代发展潮头，希望《中国企业家》这样的媒体作为时代记录者，为产业和社会提供更多富有启发的洞见，希望中国有更多的企业抓住新一轮产业变革的机遇，更好地发挥新一代信息技术引擎的作用，为中国高质量发展做出更大的贡献！

推荐序二 | FOREWORD

抓住换道超车的历史机遇

中国工程院院士
刘韵洁

"云+AI+5G"技术聚合下的新一轮科技革命给中国实体经济带来重要的发展机遇。

数字经济与实体经济产业端正在发生"化学反应"。云计算、AI和5G等技术将进一步推动产业变革,但同时也面临着诸多挑战。

在工业互联网阶段,网络不再只是为人服务,更主要的是为设备服务,有时需高带宽,有时需低时延,这些都需要确定性的网络空间。确定性网络可以在一个网络域内给承载的业务提供确定性业务保证的能力,这些确定性业务保证能力包括低时延、低时延抖动、低丢包率等。

谈到实体经济的智能化,人们更关心的是如何用新技术解决实体经济中的实际问题。在转型创新中,那些痛点最多的领域往往有机会从红海走向新蓝海。例如工业制造业的数字和智能化转型，智能医疗解决医疗资源的分配不均、缓解老龄化面临的养老压力，以及智能教育解决教育公平问题等。

只有当技术拥有解决实际问题的能力时，才能拥有蓬勃的生命力。

5G的生命力在于融合。5G不仅拥有更快的速度，更拥有解决现有痛点的能力，其最大特点是能够提供多元化和差异化的用户产品，包括G比特的实时参数、极低的时延和自动化的管理控制等。只强调速度而不强调产业融合，就不能体现出5G强大的生命力。

云计算的生命力在于协同。随着上云深度的加强，企业的所有数据都要被迁移到云上。原来以电信运营商为中心的架构将变成以数据中心为中心的架构。将来公有云、私有云都会在全国大的城市进行布局，还要实现云边协同计算，既有大的数据中心，也有边缘的数据中心，大小数据中心共用一个网络。

人工智能的生命力在于理解场景。仅仅是算力的增强，没有数据和算法模型，就不能解决实际问题。人工智能产业的发展需要更脚踏实地解决技术问题，深入做好基础研究，理解场景需求，解决人类因生理所限而无法解决的问题。在云化、云网一体的背景下，人工智能与网络将会更深入地结合在一起。无人机、自动驾驶以及机器人等新设备大量出现，全部联网的时候需要更多的智能来管理和控制。再过十年，AI将会无处不在，如果没有AI，就没有办法推动整个社会和各个行业的发展。

云计算、人工智能、5G等技术融合的生命力，像是底层生态系统的土壤，每一个具体产业都像是富饶土壤的有机肥料，是产业智能的灵魂。

产业端与消费端的变革在普惠性、便捷性、经济性方面是相同的，不同的是时延性、安全性和更高阶的经济性。

进一步讲，消费领域追求的是更多用户，本质上是一种"眼球经济""流量经济"。但在产业领域，技术与实体经济的融合是深度的，最终需要提高解决核心问题的能力，意味着对效益、质量和效率的要求更高了。

我们需要的是一种价值经济。真正的数字经济比"眼球经济"复杂、困难得多，这是过去的技术满足不了的。如果把互联网比作交通的话，传统的互联网就只是一条普通的马路，从消费端来看，这条马路是够用的，但当进入工业互联网阶段，这条马路就会变得拥堵不堪。因此，我们必须将它升级为一条高速公司，而且是一条可以灵活调度的智能高速公路，这就是未来的世界图景。

举个例子，关于"上云"这件事，中国企业上云率远不及欧美发达国家。为什么？"上云"是手段而非目的，云的生命力在于降本增效。云计算需要构建生态环境，所以，充分整合资源和信息共享至关重要。现在的云是相互分割的，还不能形成生态。另外，对于安全级别的高要求是企事业机关部署云计算的决定性因素。

在产业智能时代，应该会出现更多"BAT"这样的巨头公司。目前中国最成功的互联网巨头，其成功仅仅局限于以全球买卖为主的消费领域，但在整个制造业的产业价值链、供应链等方面，很多大公司并没有完全解决好。相较于消费端，产业端巨头的诞生需要更长的周期，也会遭遇更波折痛苦的经历。历史总是相似的，新巨头的出现一定代表着强大的行业整合能力和生态环境的构架能力。

在传统互联网发展阶段，中国的贡献有限，只是一个追随者。但是在未来的变革当中，我们迎来了换道超车的机会，将会做出更多贡献，赢得更多话语权，有机会成为未来的引领者。

我们正在通过科技力量的崛起构建生态。针对未来的需求，我国已经推出了网络操作系统，这给各种使能技术的应用和工业互联网数字经济的发展带来极大的帮助和底气，这能产生难以估量的促进作用，使我国在未来的全球竞争中处于有利的位置。

此外，随着网络技术架构的变革，我国通过自主技术将网络的"黑盒子"透明化，网络变得更加普惠、部署灵活、方便快捷。最底层生态的逐步构建将推动云计算、边缘计算、各种使能平台和数据中心与实体经济融合发展，像催化剂一样促进化学反应，惠及各行各业。

虽然新技术可以带来经济红利，但前期也需要承担投资成本，既要看到变革所带来的重要机遇，也要正视实际的困难和挑战。

信息技术与实体经济的深度融合已经到了刻不容缓的地步。尽管产业领域的变化比消费领域的变化难度要大得多，但目前全世界的主要发达国家都在朝这个方向一致努力，谁能率先占领产业领域的制高点，谁就将主宰今后十几年乃至几十年的经济话语权。

在下一个十年开启的重要时刻,《中国企业家》杂志用35年新商业史记录者的身份,提出了许多关于未来机会与趋势的洞察。本书从华为云使能千行百业的典型案例出发,提炼出的技术聚变和产业裂变理论让人耳目一新。希望这些领先者的案例能够启发大家迈向未来新征程,取得更大的成就!

PREFACE | 序

开启下一个十年

《中国企业家》
杂志社创作组

2020年是个重要的历史节点。从国家层面来看，我们将全面建成小康社会，实现第一个百年目标，那将是中国历史乃至人类发展史上一个令人激动的重大时刻。

从科技层面来看，5G全面商用，加上云计算、人工智能等新一代信息技术蓬勃发展，如同催化剂和加速器，正推动人类社会生产生活的新一轮变革，万物互联曙光闪现。

从产业层面来看，消费侧"发动机"转速放缓，流量红利几乎释放殆尽，在交易成本和交易效率里"掘金"越来越难，供给侧"新引擎"蓄势待发，产业智能正一路过关闯隘，蹒跚前行。

从企业层面来看，创业者觉得投资人的"钱"越来越难找,"门"越来越难进了;一路高歌猛进的"BAT"也免不了陷入集体"焦虑",承担"第二增长"使命的智能单元还在襁褓之中,抓不稳新机会,顶峰就可能变成衰落的起点;当产业智能化升级成为趋势之时,不少传统企业还看不清楚"热火朝天"的机会到底在哪里。

在人类迈向智能世界的宏大图景里,作为长期关注企业和企业家群体的媒体,我们在思考:云计算、人工智能、5G、区块链、量子计算……这些技术给人类世界带来了什么?世界将会朝什么方向走?影响未来的商业趋势是什么?公司之间的竞争逻辑会有什么变化?在新的智能战场上,哪些公司会获得先行者红利?哪些公司会成为赢家?

我们的目光一直在10年乃至30年后的世界里穿梭,"聚与裂"的"商业大发现"是我们献给未来的思考:技术聚变引发行业裂变,新一代商业逻辑正在酝酿,商业主战场从消费端转向生产端;知识生产工具发生革命性变革并为传统产业赋能,技术变革"打"掉行业边界,每个行业都要具有自己的AlphaGo能力,所有行业都值得重新做一遍;先行者红利刚刚开始释放,智能城市、智能医疗、智能交通、智能物流、智能游戏、智能制造、基因测序等领域涌现出典型案例;企业的竞争逻辑改变,以HATG(华为、阿里巴巴、腾讯、格力电器)为代表的大公司将成为智能时代的赢家,以TMP(今日头条、美团大众、拼多多)为代表的新生代来势凶猛,成为商业竞争的最大变量。

通过大量的采访研究,我们梳理出了12条脉络。

——在人类走向智能时代的进化历程中，技术进步和商业进化两条轴线并驾齐驱，两者互为表里，交相辉映，合力推动真正的智能时代的到来。

——我们正处于一个转折点，旧引擎日渐衰竭，如同"海平面"不断上升，新技术革命将毫不留情地淹没那些传统行业，行业巨头也概莫能外。沿着旧地图找不到新大陆，企业若不能及时洞察并采取行动，随时有毁灭之虞。

——以"云+AI+5G"技术聚变为标志的新引擎正在蓬勃兴起，正在成为"智能基础设施"，如同"智能手机+iOS/安卓系统+App"构成消费智能的底座一样。"云+AI+5G"既承载一连串的技术创新，又催生一波又一波的产业裂变，引领人类智能世界。

——商业主战场已经转移，智能革命主战场从消费端迁移到生产端，产业智能成为主要矛盾，如同原子核的裂变，技术变革"打"掉产业边界，在"所有行业都重新做一遍"的商业逻辑下，每个行业都有可能建立起自己的AlphaGo能力。

——新一代知识生产工具涌现，各行业知识生产装备体系发生革命性升级，"微笑曲线"被颠覆，生产商变成举足轻重的角色，云、AI、5G等技术要素在场景化中，整装为行业知识数字化/智能化创造再生产的工具平台。各行各业探索出自己的知识生产工具，行业知识在生产原料、生产装备、生产工艺和流程、制成品业务流中的有效注入，成为有力地支撑全局优化的一个核心动能。

——未来场景已经从模拟一群人的智能到实现复杂巨系统的智能化，物理世界和数字世界相济相融，在全新的赛博空间里，人类不仅可以看到物理空间新的一面，还能通过信息空间直接改造物理空间。

——技术底座"大爆炸"，技术溢出效应凸显，数字经济将超规模发展，云计算、AI、5G之外，物联网、区块链、量子计算与异构计算也将产生深远影响。人们很有可能会低估技术投资带来的好处，它从根本上改变了世界，面对智能化的大势，只有加大对ICT技术的投资，才能不落伍于时代。

——人类社会有望赢来"第四次社会大分工"，即人脑与机器大脑的分工。届时，人们的工作和生活方式将发生根本变革，机器像人一样，可以去听、去看、去思考、去行动，人脑智能和机器智能两者各有所长，它们联合起来构建了一个比人和机器更聪明的智能体。

——在产业裂变的进程中，系统性创新成为显著标志。大公司是"扁平化世界的领航者"，它们打造基础设施，逐渐向平台化方向演进；小公司是"飞轮效应"的推动者，它们抓住垂直领域机会，在应用上做文章，在不同层面和大公司协同。

——中国利用突破算力的机会，弥补短板、"换道超车"，继续担当全球经济引擎。工业互联网、车联网、智能电网等领域孕育着无数产业新机会，区域与城市经济迎来新蜕变，先行者已享受智能红利，有的产业与城市（区域）一跃而起。

——在这场关乎未来战场的角逐中，活跃着三股力量：一是以华为为代表的信息通信类公司；二是以阿里巴巴、腾讯为代表的互联网公司；三是以格力电器为代表的制造业龙头公司。换言之，

HATG（华为、阿里巴巴、腾讯、格力电器）将成为智能时代的赢家。

——以TMP（今日头条、美团大众、拼多多）为代表的新生代十分凶猛，是有能力与HATG抗衡的不可小觑的力量。它们信奉"只有死去的人才能看到战争的终结"，不断地从BAT阴影中突围。它们认为，战斗是永远的，只不过是从一个战场转向另一个战场，当然也从一个机会转向另一个机会，所以，直接瞄准下一个战场、下一个机会。

…………

我们正处于爆炸式创新的前夜，也是"商业大发现"的时代。关于下一个10年乃至30年，最重要的洞察是，你的对手不是友商，是时代。要么成为颠覆者，要么被颠覆，没有中间道路可以选择。

相信有一天，我们一定能成功。正如华为公司创始人任正非所言："桃子树上一定会结出西瓜"，虽然现在结的还只是"李子"。

ABOUT THE AUTHORS
作|者|简|介

何振红　《中国企业家》杂志社社长，武汉大学文学硕士，高级编辑。曾坚守新闻采编一线 20 余年，擅长宏观经济、产业经济、区域经济和大公司报道，荣获"全国优秀新闻工作者""全国巾帼建功标兵"等称号，多次获中国新闻奖。目前正带领拥有 35 年历史的《中国企业家》杂志社转型升级，以"一本杂志，一部中国新商业史"为定位，以"公司改变中国"理念，积极实施融合发展、学习社交两大战略，深耕新闻信息、商业信息、社群学习社交三大核心业务，全力建设中国企业家创新聚合平台。

刘梦羽　《中国企业家》杂志社新领袖学院案例总监，有 12 年媒体从业经验，长期从事政经、产经领域报道。目前主要从事华为、格力等"中国制造"典型案例，以及企业数字化、智能化转型研究。

张　鹏　华为云 CMO，负责华为云全球品牌规划与管理、公关传播、市场营销等工作，在"to B"及"类 to C"品牌建设、用户增长等领域拥有丰富的实践经验。曾先后在欧洲、日本、中国从事 ICT 领域的品牌与营销工作，对云计算、人工智能、5G 领域有深入的洞察与理解，具有丰富的市场体系运营与管理经验。

车海平	华为高级副总裁、数字转型首席战略官。1997年毕业于南开大学自动控制理论与应用专业，获博士学位。对于电信行业的装备市场和生产服务市场有深入的专业知识，并在软件产业发展与各行业数字化转型之间的相互关系上有系统的见解。因移动智能网技术创新和预付费业务的社会经济效益，于2001年荣获中国国家科技进步一等奖。2010年起担任全球产业组织TM Forum（电信管理论坛）董事，推进电信及相关行业的数字化转型。
徐 昙	《中国企业家》杂志社执行副总编辑。从业10余年，访问过柳传志、宗庆后、刘永好、董明珠等近百位商业领袖，专注产业、公司的研究和报道。
王雷生	《中国企业家》杂志社记者。长期致力于人工智能、云计算、5G等方面的研究报道，发表百余篇公司与企业家的深度报道。曾在知名咨询机构担任管理咨询师。
胡 坤	《中国企业家》杂志社智库案例总监，负责企业商业案例及商业模式研究，有10多年媒体从业经验，曾实地调研过多家企业，写出多篇阅读量10万+作品，对于国内宏观经济形势及行业变化有深刻理解。

目录 CONTENTS

推荐序一
推荐序二
序
作者简介

第一章 技术聚变与产业裂变 001

第一节 处于转折点的世界 004
旧引擎日渐衰竭 004
新引擎蓬勃兴起 008
下一个战场的角逐 010

第二节 云+AI+5G 的超级聚变 014
5G 赋能产业 014
云计算的价值 018
错过 AI，错过一个时代 023
新技术交融共生 026

第三节 产业智能的链式裂变 029

主战场迁移　　　　　　　　　　　　　　　029
知识生产工具　　　　　　　　　　　　　031
微笑曲线与全局优化　　　　　　　　　　035

第四节　云+AI+5G 的新商业逻辑　　　　037

换道超车的大好机会　　　　　　　　　　037
崛起的"超级聚变时代"　　　　　　　　041
所有行业都重新做一遍　　　　　　　　　043

第二章　链式裂变的能量大爆发　　　049

第一节　数字经济与新商业形态　　　　　051

"链式裂变"的三大基础　　　　　　　　051
"链式裂变"的环境　　　　　　　　　　053
"链式裂变"释放新红利　　　　　　　　055

第二节　大公司走向平台　　　　　　　　057

超级平台崛起　　　　　　　　　　　　　058
产业平台升维　　　　　　　　　　　　　060
平台商业模式：价值网协同共享　　　　　062
平台商业模式："一切皆服务"　　　　　063
平台商业模式：生态联盟　　　　　　　　065

第三节　小公司硬核创新　　　　　　　　066

硬核创业的四个特点　　　　　　　　　　067
商业机会：to B 企业服务　　　　　　　069
商业机会：应用场景　　　　　　　　　　071

XIX

商业机会：连接＋协同 075

第四节　跨产业的迭代升级 078

产业智能的新逻辑 079

新产业机会：工业互联网 083

新产业机会：车联网 087

新产业机会：智能电网 090

第五节　地方经济数字红利 094

重塑区域经济格局 095

未来城市数字平台 101

让智能算力变得像电力一样 106

第三章　先行者红利 111

第一节　基因测序进入算力拐点 112

第二节　云游戏告别"内存危机" 117

第三节　从"傻大黑粗"到智慧煤炭 122

第四节　汽车业百年变局 127

第五节　中国制造重装上阵 137

第六节　政务进入云时代 143

第七节　物流行业告别"野蛮" 151

第八节　传统媒体下半场翻盘 157

第四章　启示与展望　　163

第一节　不止云+AI+5G　　164
物联网技术　　167
区块链技术　　175
量子计算与异构计算　　182
技术底座"大爆炸"　　188

第二节　拥抱智能化时代　　190
智能转型的思维　　190
智能化转型的挑战　　195
智能化升级建议　　201

第三节　飞驰的未来　　207
数字溢出与被低估的数字经济　　208
AI会带来什么　　210
重新塑造企业　　213

后记　　216

NEW
BUSINESS
LOGIC

—

云+AI+5G的技术聚变是这样一个系统：云、AI、5G是要素，产业智能的内在机理和需求是连接逻辑，功能或目标就是构建智能世界。在三项技术交融共生、聚变的平台上，各个产业进行个性化创新，当各个行业的创新变得富集时，产业智能革命就孕育而生。

01

第一章

技术聚变
与产业裂变

你会爱上 AI 吗？也许你会摇头，可好莱坞电影《她》(*Her*) 就讲述了这样一个奇异的爱情故事。

刚逃离破碎婚姻的书信代写员西奥多沮丧地在街头行走，偶然看到了一则智能操作系统的广告。广告声称，这个系统不仅会聊天，还能自我进化。出于好奇，西奥多买了一个回家。

"萨曼莎"是系统给自己起的名字。她能像秘书那样帮助西奥多处理邮件文档，帮他把代写的书信挑出来编辑成册，还能用性感沙哑的声音跟他聊天，细心洞察他的低落、孤独与渴望。总之，"萨曼莎"温柔体贴，幽默风趣。渐渐地，他俩无话不谈、心心相印，约会、出游，甚至坠入爱河。

"萨曼莎"其实是一款 AI 助手，是移动通信、大数据、云计算、人工智能等技术融合后诞生的"云端大脑"。《她》这部电影将故事发生的时间设定在2025年，谁曾想，短短五六年间，"萨曼莎"就已经从屏幕的虚幻畅想中走出，成为我们生活中的真实场景。

Siri是苹果公司推出的一款智能语音助手，具有简单对话、来电提示、设置闹钟、搜索等功能，是现实版的"萨曼莎"。2019年12月，Siri调皮地出现在英国广播公司的一档天气预报节目中。当时，气象专家正就暴风雪天气进行分析，手腕上Apple Watch里的Siri突然插了一句"天气预报没雪"，让现场嘉宾和观众笑成一团。为Siri加戏背锅的是抬腕唤醒功能。2019年11月，苹果公司提交的专利申请文件显示，他们正开发一种全新的方法，通过添加面部分析功能来帮助Siri准确解读用户需求。未来，Siri不局限于语音识别，还可以分析用户的面部表情，解读用户的情绪，甚至更多。

随着大数据的丰富、人工智能水平的提高，智能化的场景层出不穷，"萨曼莎"将无所不在，智能家居、智慧金融、无人驾驶汽车、辅助诊断、刑侦监测、智能教育、智能交通、智慧城市……转眼间，一场波澜壮阔的智能革命汹涌而来。

人类社会正处于从信息时代迈向智能时代的转折时期。华为创始人任正非称之为"爆炸式创新的前夜"，他认为，未来二三十年人类社会必然走进智能社会，跨学科的"链式反应"是这一波科技创新的新特征。

第一节　处于转折点的世界

"处于转折点的世界",是经济学家卡洛塔·佩雷斯(Carlota Perez)在《技术革命与金融资本:泡沫与黄金时代的动力学》一书中所做的判断。她认为,互联网泡沫破灭后,不管是从模型还是从现实来看,信息技术及互联网革命已经走向了尾声——枯竭和动荡已经出现,经济发展迫切需要下一个技术革命来推动,世界处于变革的转折点。

卡洛塔长期研究技术革命,提出了"技术—经济"范式——一场技术革命能为整个经济带来巨变,降低成本,提升效率,并推动经济爆发性增长和结构性变革。她将技术革命分为爆发、狂热、协同、成熟四个阶段,每个阶段大约10年。成熟阶段既是这一轮经济的高峰,也是下一轮技术革命的开端。

显然,她说的"下一轮技术革命"就是正在孕育的智能革命。随着智能技术步入爆发阶段,一场针对未来的战争正拉开序幕,商业竞争也旋即进入下一个战场。

旧引擎日渐衰竭

智能时代的到来,是以旧引擎日渐衰竭为标志的。最突出的表现是互联网巨头BAT(百度、阿里、腾讯)强劲的发展势头背后难掩的焦虑。

不经意间,它们用20年时间在搜索、电商和社交领域垒起来的护城河开始被一点一点地瓦解,TMD(今日头条、美团和滴滴)

以及无数垂直领域的创业公司用自己的崛起，一次次地冲击 BAT 的边界。激战之中，BAT 依靠互联网这个引擎建立起的防线已被撕裂，产业生态在多层次的竞争中不断被重塑。

2012 年，马化腾在知乎上发问：互联网处于人类历史发展的哪个阶段？下一个 10 年，互联网升级的大致方向在哪里？那时，移动互联网才露端倪，敏锐的腾讯迅速转向，靠着刚刚诞生的微信拿到"开向移动互联网的船票"。然而，C 端红利很快就会释放殆尽。2018 年 9 月 30 日，腾讯进行了史上第 3 次组织架构调整，马化腾将此次调整定位为"迈向下一个 20 年的新起点"。

马云以另一种方式表达焦虑与觉醒。2013 年 12 月，中央电视台中国经济年度人物颁奖典礼上，董明珠与雷军就"5 年后小米能不能超过格力"打出 10 亿元赌局。当时，马云选择跟董明珠站在一起，理由是"没有实体经济的强大支撑，数字经济是没有办法走出来的，只有实体成长了，数字才会好看"。

2016 年 10 月，马云在云栖大会上高喊"中国制造升级的关键是智能化"，只有跟互联网公司携起手来，利用大数据、云计算、物联网去实现按需定制，从 B2C 走向 C2B，才是制造公司的方向。马云的话，与其说是给制造公司的启发，倒不如说是给自己的警示。他强调，"从明年开始，阿里巴巴将不再提电子商务，因为那只是摆渡的船""我们担心的是对明天的恐惧和对今天的依赖"。

一年后，在 2017 年世界物联网无锡峰会上，马云说得更加直白:"没有互联网的制造业没有希望,没有制造业的互联网更没有希望。"

2014年,李彦宏坐镇江苏卫视《最强大脑》节目,引发一波猜测:不喜热闹的他为什么要参加电视节目?随后谜底渐渐揭开,百度的人工智能机器人"小度"在《最强大脑》人机大战中崭露头角。近年来,李彦宏不停地为人工智能鼓与呼,先是提出设立"中国大脑"的政协提案,后因乘坐无人驾驶汽车上北五环吃罚单,再到2019年乌镇世界互联网大会上的"智能经济论",一副"AI先生"的姿态。尽管如此,他仍然难以摆脱"百度掉队了"的质疑声。

"海平面说"则让我们看到了旧引擎的系统性衰竭。早在20世纪,美国卡内基·梅隆大学移动机器人实验室主任汉斯·莫拉维克(Hans Moravec)就提出,不断进步的计算机性能就像海平面,正在逐步上升,淹没整个陆地。而地势的高低代表着人类能力被替代的难易程度。半个世纪前,海平面淹没了低洼地,将人类计算员和档案员逐出了历史舞台,现在这场洪水开始淹没丘陵,前线正逐步向后撤退。以目前的速度看,再过半个世纪,山顶也会被淹没。莫拉维克调侃道:"那一天已经不远了,我建议造一个方舟。"

几十年后,《生命3.0》的作者迈克斯·泰格马克(Max Tegmark)说,"海平面"正如莫拉维克所预言的那样毫不留情地上升。"丘陵"地区早已被淹没,"海平面"可能在某一天到达一个临界点,从而触发一个翻天覆地的变化。在这个临界点,机器开始具备设计人工智能的能力。在这个临界点之前,"海平面"的上升是由人类对机器的改进所引起的，但在这个临界点之后，"海平面"的上升可能会由机器改进机器的过程推动，其速度可能比人类改进机器的速度要快很多，所有的"陆地"都会被淹没在水下。

或许，"海平面"淹没的速度比我们想象的还要快，快到企业一切安好却竟然已经危机四伏。如同柯达，2000年是柯达历史上最好的财年，许多业绩数据都处于历史顶点，柯达时任CEO非常兴奋地说，"我非常高兴，我们破了世界纪录。"但是，结局大家都知道了，发明了数码相机的柯达被数码技术颠覆了，而他们原本有机会成为数码市场的领导者。

美国电话电报公司AT&T（American Telephone & Telegraph Company）也是在浑然不觉中走向衰落的。1985年，他们曾委托麦肯锡就"2000年会有多少人使用手机"进行市场调研和预测。麦肯锡的结论是：15年后会有90万。事实上，2000年手机用户已超过1个亿。两个数据差了近120倍！对市场的误判不仅让AT&T失去了几万亿美元的市场机会，还让其跌出全球电信巨头行列。

柯达、AT&T的经历警示人们，当旧引擎显露衰落之象时，企业若不能及时洞察并采取行动，随时都有毁灭之虞，哪怕是行业巨头。

彼得·德鲁克曾谆谆告诫：在动荡的时代，动荡并不可怕，可怕的是沿用旧的逻辑。

新引擎蓬勃兴起

新引擎就是新时代做事的逻辑，它的兴起非朝夕之功，也非单兵之力，这是我们从智能革命进化史中找到的结论。

"这不过是将来之事的前奏，也是将来之事的影子。"这句引语出自英国著名数学家、逻辑学家艾伦·麦席森·图灵（Alan Mathison Turing）。2019年7月，英格兰银行行长宣布，图灵的肖像与这句名言将一同出现在2021年流通的50英镑新钞上。

消息一经宣布，科技界、企业界、投资界人士一片欢呼，大家普遍认为，这是智能时代到来的一种昭示。图灵被誉为"人工智能之父"，早在1948年，他就在论文《智能机器》中探讨了遗传算法、神经网络、强化学习等人工智能的核心命题。

人工智能出现于1956年。那一年，约翰·麦卡锡（Lisp语言发明人）、马文·明斯基（第一台神经网络计算机发明人）、克劳德·香农（信息论创始人）、赫伯特·西蒙（诺贝尔经济学奖得主）等10位计算机科学家相聚美国达特茅斯学院，花两个月时间就"如何让机器来模仿人类学习以及其他方面的智能"展开研讨，并把研讨内容称为"人工智能"。这次会议被誉为"人工智能的起点"。

人工智能的核心要义是让机器模拟人的智慧，能够像人那样认知、思考和学习。从《智能机器》发表以来，70多年来，科学家们孜孜求索，企业家们也实时洞察科技发明背后的商业机会，用行动加速智能革命进程。

让人工智能走出书斋的是1969年互联网的诞生,有了连接,智能才有可能。以此为起点,智能革命进化史分为四个阶段:

第一阶段,1969～1996年,智能革命的前夜。1969年年底,阿帕网(ARPANET)正式投入运行。阿帕网是美国国防部高级计划局网络的简称,是世界上第一个用于计算机通信的网络。虽然只有四个节点,但它第一次实现了在不同的计算机之间的连接和信息传递。随后,分时操作系统(UNIX)、请求协议(PFC)、传输控制协议/网际协议(TCP/IP)、域名、万维网(WWW)、电子邮件、电子公告板(BBS)、新闻组(USEnet)、浏览器等互联网早期技术和应用不断涌现,不仅让计算机联网成为趋势,而且让人们通过电脑进行信息交流得以实现,标志着人类迈入信息社会。

第二阶段,1997～2006年,智能革命起步。1997年,微软优化推出了IE4.0(Internet Explorer 4.0)网页浏览器,在浏览器大战中一举胜出。浏览器的广泛应用,让人们有了触达电脑的便捷入口。同年,谷歌小子拉里·佩奇和谢尔盖·布林联手开发了一款搜索引擎,注册了Google.com的域名。借力通信技术的发展,搜索引擎一炮走红,很快成为世界上第一款大规模商业应用的智能服务,并将谷歌推上市值高峰。亚马逊从在线图书销售起家,利用人工智能技术进行产品推荐,迅速成长为电子商务巨无霸。国内互联网也进入发展快车道,网易、搜狐、阿里巴巴、腾讯、百度、京东、当当等一大批互联网公司崛起。

第三阶段,2007～2016年,消费智能风生水起。2007年苹果推出第一代 iPhone 手机，三星、小米、华为等智能手机先后问世，我们进入智能终端时代。截至 2016 年 1 月，中国网民数量达到 7.31 亿，手机网民规模达到 6.95 亿，经历了 10 年的快速增长后趋于稳定。4G、大数据、云计算等技术，以及微信、支付宝等超级应用的兴起，再加上本地生活、社交网络、算法推荐和智慧零售呼啸而至，催生出美团、滴滴、今日头条、携程、摩拜单车、高德地图、小红书、盒马鲜生等一大批独角兽/超级独角兽公司，消费端的智能革命轰轰烈烈地展开。

第四阶段，以 2017 年为起点，产业智能箭在弦上。2017 年，全球智能手机年度出货量有史以来首次下滑。与此同时，智能音箱、智能台灯、智能电视、智能冰箱、智能空调、扫地机器人、智能安防等智能终端纷纷抢占入口，大公司、新锐公司在智能汽车、远程医疗、AI 教育、智能工厂等产业智能领域跃跃欲试。

透过进化史，我们清晰地看到，技术进步和商业进化两条轴线并驾齐驱，两者互为表里，交相辉映，合力推动智能时代的到来。"云+AI+5G 超级聚变"这个新引擎，从 2007 年起的消费智能发展中开始孕育，在 2017 年以来的产业智能中勃发，成为智能革命最强劲的动力。

下一个战场的角逐

一切过往皆为序章。2007 年以来的消费变革，为智能革命蓄积了能量，2017 年起产业智能的到来，让智能革命迎来真正的春天。

"转折点上的世界"已经来临，互联网这个旧引擎已步入技术革命的成熟期，云计算、人工智能、5G、物联网等作为新的技术驱动力日渐强劲，一场关乎未来的战场大幕徐徐拉开，商业竞争由此嬗变。这场新的战争必将颠覆现有的商业模式，重构产业链和价值链，影响未来20年乃至30年、50年的发展。

"如何从BAT的阴影中突围？"这是一个事关新战场主导力量的前瞻性话题。2017年4月，在"华兴π对"上，华兴资本CEO包凡、美团CEO王兴、字节跳动CEO张一鸣展开对话。

"只有死去的人才能看到战争的终结（Only the dead have seen the end of war）。"王兴引用麦克阿瑟将军在西点军校告别演讲时的一句话，他说，中国互联网也是如此。战斗是永远的，只是从一个战场转到另一个战场，从一个困难变成另一个困难，当然也从一个机会变成另一个机会。

张一鸣则认为，今日头条能够脱颖而出，得益于当初各个公司都在围绕旧的战场或过渡的战场竞争，太迷恋旧战场、旧事物，没有往前看。现在看来，应用商店、PC、传统的搜索引擎等都是过渡战场。互联网的下半场是转折，肯定会有新的事物出现。

如同一种宣言，我们看到了新生力量的生猛——剧变令人兴奋，因为一切都是新的。

全新的战场上活跃着三股力量。第一股力量是以BAT为代表的互联网企业。充分享受了消费智能红利之后，它们一刻也不松懈地转向产业智能，纷纷角逐产业互联网。阿里着力构建ET工业大脑，推出sup ET工业互联网平台。腾讯提出"互联网的下半场属于产业互联网"，并将工业列为腾讯云超级大脑的重点方向，从垂直行业和区域两个方向构建产业智能平台。百度则全力以赴打造百度云"天工"智能物联网平台。这些科技公司的短板是，难以理解制造的痛点与逻辑。

第二股力量是以格力电器、三一重工、富士康等为代表的制造龙头企业。它们深谙生产制造逻辑，熟知智能化进程中的每一道沟坎，产业智能既是它们转型的火车头，也是其赋能行业的关键能力。这类企业的劣势是云计算等技术能力薄弱。

第三股力量是以华为为代表的ICT公司。2019年9月，华为云正式发布了工业智能体，旨在通过基于知识图谱的智能认知引擎、基于AI模型的智能预测引擎、基于运筹规划的决策优化引擎三大引擎，让诸多曾难以落地应用的技术应用到工业场景里去，助推工业智能化升级。华为云工业智能体已广泛应用于能源、矿业、电力、水泥、化纤等多个工业领域。这类公司熟悉to B市场，拥有客户基础和渠道优势，既能推出产品，又能提供解决方案，具有前两类公司不可比拟的优势。

制造业是下一个战场上角逐的重点。智能制造以机器、原材料、制造系统、信息系统、产业以及人之间的网络互联为基础，通过对工业数据的全面深度感知、实时传输交换、快速计算处理和高级建模分析，实现智能控制、运营优化和生产组织方式变革。与传统制造业相比，信息系统、感知系统、控制系统、AI系统等都是新的，而且这些系统彼此作用,成为拉动制造业质量变革、效率变革、动力变革的新引擎。

智能制造至少有两大应用场景:一是生产智能。例如,大量使用图像感知(相机、显微镜)+深度学习技术提高产品检测效率;将工业机器人应用在分拣、装配、焊接、组装、包装、搬运等环节,提高工艺流程的精度和效率。二是产品智能。比较成熟的是 VR[一]智能眼镜。VR 智能眼镜里装有摄像头和屏幕,戴上它,警察可以借助人脸识别+云计算技术甄别罪犯。

智能网联汽车,是下一个战场角逐的又一重点。跟智能手机一样,智能网联汽车作为出行服务的载体和形态最为丰富的智能终端,有望成为持续的价值创造平台。为了抢占这个风口,近年来,不管是互联网公司、地产公司,还是新兴科技公司,纷纷加入造车大军。"不造车"的华为也专门成立了智能汽车解决方案 BU,利用其 ICT 技术优势,打造了 MDC 智能驾驶、智能座舱、智能电动三大平台。2019 年 10 月,华为轮值董事长徐直军表示,华为希望通过 4G、5G、V2X 的技术,把车与路、车与车连接起来,同时通过云服务,实现对车辆的有效管理,构建出一个全面连接的生态。

智能制造也好,智能网联汽车也罢,它们只是智能竞争的开端,更为深刻、更加复杂的将是更大范围的产业智能竞争。

㊀ VR,虚拟现实。

第二节　云+AI+5G 的超级聚变

人工智能从提出到今天已经 70 多年，为什么还没到来？人类社会还没有实现相应的基础设施，比如超级计算机、超大规模存储、超速连接。2019 年 11 月 6 日，在"咖啡对话"（第三期）访谈现场，任正非这样自问自答。

沿着他的思路，我们看到，超级计算机、超大规模存储、超速连接分别与云、AI、5G 等今天的技术相对应。换言之，"云 + AI + 5G"是走向智能世界的重要引擎，它们并非孤立存在，而是像几个较轻的原子核聚合成一个较重的原子核那样，用一连串的超级聚变引领智能革命前进的脚步。

5G 赋能产业

手机是 5G 商用最热闹的领域，甫一宣布 5G 商用启动，厂商们就争先恐后推出 5G 手机，酷炫的功能令人眼花缭乱。这里需要厘清一个概念，5G 这项变革性技术的应用主战场在千行百业，它为产业智能而生，并不仅仅为手机而来。

国际电信联盟（ITU）定义了 5G 三大应用场景：增强型移动宽带（eMBB）、海量机器类通信（mMTC）、低时延高可靠通信（uRLLC）。逐一拆开来看，每一应用场景都为产业智能提供了强有力的支撑。

我们先来看"增强型移动宽带"。5G 的速率相比 4G 提升了 10

倍,因此这一应用场景瞄向对网络速度要求很高的业务,如超高清视频,VR/AR⊖的体验将得到极大提升,移动电影院、千人共享线上"首映礼"都将成为可能。除此之外,当图像识别、视频识别等机器视觉在智能工厂中越来越多地应用时,5G的"增强型移动宽带"不仅能让机器视觉类多媒体传输更加快捷便利,而且将推动工业互联网进入人机合一的界面。

再来看"海量机器类通信",它瞄向的是传感器。5G商用后,每平方公里可连接100万台设备,可以支持每小时500公里以上的移动速度。这样,智能工厂里就可以密集地布设传感器,来完成海量的实时运行数据的采集,这是物联网的关键环节,也是万物互联的第一步。据全球知名咨询公司IDG预测,2020年,全球物联网设备量将达到281亿台,市场规模将达到1.7万亿美元。

最后来看"低时延高可靠通信",5G的空口时延低于1毫秒,可以支持无人驾驶、远程医疗和多机械臂协同等工业互联网中需要无缝响应的作业场景。

显然,5G的出现,让产业智能有了一个飞跃。正如工信部部长苗圩所言,5G真正的应用场景,80%是在工业互联网。

上述三大应用场景属于典型场景,细化到产业,还有许多中间场景,而这些中间场景恰恰是5G应用的广阔天地。这里面有几个关键节点的突破:

⊖ AR,增强现实。

第一是多元场景应用。我们知道,"空口"是通信行业的术语,指的是终端与基站之间电磁波连接的技术规范,它定义着每个无线信道的使用频率、带宽及编码方法。空口资源是用来传输信号的高频频率资源,在同一地点同时使用同一组频率或相邻近的频率就会互相干扰,由于无法处理干扰问题,4G通信标准要求把空口资源片上的参数固定下来,所以4G只能满足一种场景。5G时代,全新数字滤波器技术可以对特定频率的频点或该频点以外的频率进行有效滤除,资源片之间的干扰可以被彻底隔离,这样一来就实现了参数可调、应用场景可调,多元场景得以实现。

第二是控制信息免疫,这是5G商用后可实现的另一大成果。这里体现的是5G+华为Polar码的价值。举个例子,4G能把一个信号码分为8个信道,由于干扰存在,都无法用来传输控制信号。5G同样把一个信号码分为8个信道,Polar码通过信号极化,可以让4个信道实现零干扰,用来传输控制信号;干扰集中的另外4个信道弃之不用。控制信号对准确性要求高,因数据数量少对通途要求不高,所以Polar码用短码,而不用长码。

第三是边缘计算风起云涌。5G的高频传输特点,决定了"边缘"的活跃。我们知道,5G使用高频信号传输,"穿墙打洞"的能力非常弱,每个工厂、小区、建筑物都要布设基站,数量至少是4G的10倍。宏基站覆盖方圆10公里,微基站覆盖一个小区、一栋建筑,每个微基站下都要布设"边缘"。

超低时延也让边缘得到大力发展。5G商用后,接入终端数量激增，是现在的十倍、百倍。如果按照传统的云、网、端的传输模型，把所有终端的数据都传送到中心云上，来回一趟，不仅会造成"数据堵塞"，还会把 5G 的超低时延给消弭了，需要秒级响应的智能驾驶就无法实现。

5G 就不一样了，通过有效地引入边缘计算的架构，在功能和算力布局上形成边云协同的体系，覆盖了中心云、支撑私有云及边缘计算节点，将其有效连接形成分布式算力网络，有效地构筑核心云负责学习训练和模型构建、边缘节点负责执行的分布式智能的分工格局。而边缘节点部署在离用户和生产现场最近的地方，形成"就近闭环"的原则，以达成体验优化、经济有效的目的，满足低时延业务的要求。

第四是云网融合技术应运而生。5G 全面商用后，无论是基站数量还是接入设备数量都是 4G 的十倍乃至百倍以上，必然催生终端创新和计算与网络协同的分布式体系的运维架构创新。云网融合的核心就是，计算功能和网络功能的统一作为分布式资源体系中的有机组成部分，进行统一运维管理，实现"端、边、网、云"贯通的自治化分布式体系，成为新一代 ICT 基础设施。

以上几个关键环节的突破，让多元化场景、垂直行业的敏感业务得以完美实现，比如，VR/AR 眼镜、智能汽车、智慧城市、智能工厂、智能医疗等，再比如无人驾驶、车联网[⊖]、工业控制、远程医疗等超低时延的业务。

⊖ 车联网的内容丰富，按照连接的对象划分，可以分为车对车（V2V）、车对基础设施（V2I）、车对互联网（V2N）、车对行人（V2P）。

智能工厂将是5G应用最多的场景。以钢铁厂为例。由于铁矿石成分来源多样，成分不一，要保证生产出来的钢材达到标号要求，不仅要在流水线上大量布设传感器，还要根据生产状况随时增减。数据是海量的，模型是复杂的，加上AI计算和实时反馈，云、AI、5G聚力合作来实现钢铁厂的智能化。

最尖端的应用莫过于5G+远程手术。2019年6月27日，在中国电信5G网络和华为通信技术的支持下，北京积水潭医院院长田伟在远程手术中心同时远程交替操控两台天玑骨科手术机器人，分别为位于山东烟台山医院和浙江嘉兴市二院的两名脊椎骨折患者进行了三维定位脊椎螺钉固定手术，手术中共打入12颗螺钉，定位准确，切换流畅自如。这是世界首例此类手术，它标志着智能机器人远程手术技术正式进入临床实际应用。

无人驾驶也拥有了巨大的想象空间。车辆行驶在路上，路边的每一个电线杆都布设一个边缘服务器，不管是前方还是侧面出现障碍物，指令数据在汽车端与路旁电线杆（边）之间迅速传输，确保驾驶指令秒级响应。

云计算的价值

从2006年谷歌首次提出"云计算"概念至今，云计算已经进入到了第二个十年。

2008年，IBM宣布将在无锡为中国的软件公司建立全球第一个云计算中心。随后，包括IBM、微软、谷歌、戴尔、亚马逊、Sun、英特尔、惠普、雅虎等在内的全球IT巨头，都在忙着发布各自的云计算产品和战略，似乎一夜之间都意识到云计算发展的巨大潜力。这一年也被业界称为云计算元年。

概括地讲，云计算就是通过网络提供可伸缩的廉价的分布式计算能力。云计算是一种商业计算模型，它将计算任务分布在大量计算机构成的"资源池"上，使用户能够按需获取计算力、存储空间和信息服务。这种资源池称为"云"。"云"是一些可以自我维护和管理的虚拟计算资源，通常是一些大型服务器集群，包括计算服务器、存储服务器和宽带资源等。

从趋势上来看，云计算正迎来历史的拐点。有人估算，目前全球公有云市场规模为1363亿美元，增速23%，未来几年平均增长率将保持在20%左右，2022年市场规模将超过2700亿美元。中国信息通信研究院的研究则显示，云计算使得超级计算能力的自由流通成为可能，它正成为像工业时代电力、铁路那样的公共服务，"通信基础设施"正转向"智能基础设施"，整个产业也开始从"单点突破"迈向"整体效能提升"的新阶段。

从技术上看，云计算与大数据密不可分，就像一枚硬币的两面。大数据的核心是海量数据挖掘，它的分布式计算架构必须依托云计算的分布式处理、分布式数据库、分布式云存储和虚拟化技术。同时，云计算还有以下技术特性：

云计算支持用户在任意位置，使用各种终端获取应用服务。

规模化整合。云里的资源非常庞大，在一个公有云中可以有几十万甚至上百万台服务器，在一个小型的私有云中也可拥有几百台甚至上千台服务器。

高可靠性。云计算使用了多副本容错技术、计算节点同构可互换等措施来保障服务的高可靠性，使用云计算比使用本地计算机更加可靠。

高可扩展性。云计算具有高效的运算能力，在原有服务器基础上增加云计算功能能够使计算速度迅速提高，最终实现动态扩展虚拟化的层次，达到对应用进行扩展的目的。

按需服务。云计算是一个庞大的资源池，使用者可以根据需要来进行购买。

虚拟化十分重要。它可以整合零散分布的各种IT资源，包括网络、计算、存储、应用软件以及服务，使用者接入云端，按照云资源使用量付费，就像用水用电一样，大幅压缩使用成本，提高资源使用效率。

除上述ICT物理基础设施资源的虚拟化外，承载在其上的电影特效中的虚拟人物或计算机制造的虚拟空间也十分丰富。例如，2019年年初公映的电影《阿丽塔：战斗天使》就是后一种虚拟化的最佳实践。这是一部披着大导演詹姆斯·卡梅隆光环的CG （computer graphics）电影，是电影史上的一座里程碑。CG 电影是指影片的真实场景拍摄由真人表演，所有视觉产物如场景、角色、物品、特效等全部由计算机生成。《阿丽塔：战斗天使》让观众看到了电影视觉技术的最高境界，阿丽塔那双"大眼睛"印在观众的脑海里挥之不去，她从纯真到成熟的变化也都映射到眼神中。这是 CGI（computer-generated imagery，电脑生成动画）的功劳，阿丽塔的眼珠特写镜头动用了 830 万多边形数量的几何建模，并使用算法进行了复杂的光路追踪。可以说，《阿丽塔：战斗天使》这部科幻电影是多重科技的集纳成果。

赛博空间（cyberspace）是后一种虚拟化应用的典型场景。它指的是计算机以及计算机网络里的虚拟现实，几乎所有物理空间里做的事情都可以挪到赛博空间里。这一腾挪，最直接的结果就是成本急剧下降。

这就是云计算的价值。云为什么这么便宜？是技术进步带来的。

华为产业战略与政策部部长李力认为，云不是简单的存储，IBM 时代的大型机可以存储，但它不是云，云的最大特征是成本低，用非常便宜的通用处理器搭建一个云计算中心，它的存储量和计算能力远远超过原来的大型机。同时，它把大型机用通用的芯片来取代，又通过资源的复用进一步降低价格。譬如你在网上买一个 1T 的云盘比买一个 1T 的 U 盘便宜多了。而且，你买一个 1T 的 U 盘可能实际上只用了 200G，也要为另外 824G 付钱。但在云端的计算资源可以调配，它给了你 200G，剩下 824G 可以挪给别人去用，你只需要付200G的钱。所以，成本可以大幅度地压缩。

在这么便宜的云空间里由于量变积累质变，最后又衍生出一些新的东西。

譬如，在汽车生产过程中有一个环节是最烧钱的，就是碰撞测试。以前一定要拿一辆真车去撞，一辆新车时速100公里冲过去撞石头上，撞完了之后观察里面的人偶是否受伤，才能测出来汽车的安全性。如果在全程虚拟的环境下，进行的是虚拟的碰撞测验，可以在正式上路之前撞100万次，把所有都调好了，最后用真车撞一次，就全测出来了，省了好多环节。其实，这是在前端的生产环节和设计环节，尽量用计算机仿真的方式针对物理对象进行数字化建模。

华为集团战略部战略总监廖月明博士如是分析道，汽车设计和制造是数据密集型业务，飞机制造也是个高数据行业。飞机机身在设计过程中，一个重要的考量就是空气动力问题，这其中需要大量的模拟和仿真，需要在它的外形中设置大量的仿真点，看每个点的风噪，以实现流线型设计。几年前，华为曾与某飞机设计企业合作。以前这个企业是用x86处理的，但x86的核数少，并行处理和仿真的点少，后来改用ARM+AI来计算，计算的节点大大增加了，整个飞机模型模拟的每一个点，都可以在ARM+AI的计算集群上并行计算，这样机身设计时的仿真面积就大多了，在风阻、风噪等方面的仿真效果非常好，并且能保证较好的流线型设计。

这就引出另外一个概念——异构计算（heterogeneous computing）。第一代的云都是同构计算，或者说是以通用计算单元（CPU）为基础做成的。但是现在又发明另一种计算叫异构计算，以后的云计算会从通用计算进入专用计算和异构计算的时代，这些已经发生了。这就意味着可以处理更复杂的模拟场景。

华为公司高级副总裁、数字转型首席战略官车海平博士认为，数字世界和物理世界是相济相融的，并不全是虚拟的。数字技术对电影等媒资行业的设计、生产环节做了结构性变革，也在对各行各业的生产环节产生影响，引发人类社会整体生产环节结构性的升级。

错过 AI，错过一个时代

主板是手机制造的核心部件，但往往由于等待焊接的金属表面的氧化物和污垢造成虚焊，导致电路工作不正常，出现时好时坏的不稳定现象。如何识别虚焊呢？通常一位有经验的工程师识别一个虚焊点需要 3 秒，而华为使用机器视频自动识别，只需要 0.1 秒甚至更短的时间。目前，华为手机主板的虚焊识别率已经高达 99.5%。

再讲讲前面提到的钢铁厂的例子。铁矿石是含有铁单质或铁化合物的矿物集合体，我国是铁矿石进口大国，钢铁生产最大的难题是如何用详细成分不明的铁矿石生产出固定标号的钢材。过去，即使在流水线生产不停顿的情况下，通过传感器数据不断调整参数，钢材生产出来仍需要有经验的工程师进行识别。华为入驻该钢企后，采用了 AI 识别技术，使这家大型工厂此环节的生产效率大大提高。

AI 是泛在性的。人工智能是一个融合计算机科学、统计学、脑神经学和社会科学的前沿综合学科，它的宗旨是让机器通过深度学习可以像人那样认知、思考和学习，即用计算机模拟人的智慧。随着大数据、云计算、互联网、物联网等信息技术的发展，以深度神经网络学习为代表的人工智能技术飞速发展，科学与应用间的"技术鸿沟"逐渐填平，诸如泛在感知数据分析、图形处理、图像分类、语音识别、知识问答、人机对弈、无人驾驶等人工智能技术与应用突飞猛进，迎来爆发式增长的新高潮。

如今，得益于算法、数据和算力的共同进步，人工智能在专业性、专用性、普惠性上都有了长足进步，比如阿尔法狗（AlphaGo）下围棋、皮肤癌人工智能诊断系统、大规模图像识别、人脸识别等。人工智能不再只是从事简单重复性工作，甚至可以在专业性很强的领域超越人类。

百度董事长兼首席执行官李彦宏说，"未来没有一家企业可以与人工智能无关。每一个产业、每一家企业要考虑的，是怎么用最有效的方法把人工智能变成'自己的菜'。吃不上这道'主菜'，就可能错过一个时代。"

互联网公司也在进化。谷歌在两个方面采取行动：一是通过用户搜索，辅导人工智能进行深度信息采集，并不断改进算法；二是基于人工智能，不断改进搜索形态。未来的谷歌将不再只是一个搜索关键词的引擎，而是通过"信息智能化＋终极搜索"，让搜索一切成为可能。

人工智能的发展速度比人们的想象要快得多。有人预测，到2030年，全球将有5000亿台智能设备，每人每天将与智能设备产生5000次的互动，50%以上的工作或将被人工智能替代，全球产业链将再次出现重塑机会。

人工智能正在改变人类的工作方式。例如，图像识别、语音识别和自然语言理解等技术大量地在人机交互场景上得到应用；工业机器人+智能算法让工厂变得智能；流程自动化工具让"机器人"与数据处理和数字系统通信等应用进行交互，执行跨越多个应用场景的复杂嵌套流程。这一切，不仅提高了生产效率，还改善了生产质量。

人工智能的应用并非一帆风顺。它能够通过算法和深度学习降低认知难度，实现"数据价值"，但由于它的算法是神经网络导向的，需要海量的数据支撑。我们的数据是否是海量的？基于数据导出的模型是不是与隐性知识相符？复杂的参数会不会让数据模型缺乏透明性和解释性？人工智能只知道相关性但不知道因果性，因此产业智能需要营造一个工程师与人工智能共同工作的环境。

颠覆必须在挑战中完成。随着人工智能应用的不断成熟，市场容量也不断攀升。据德勤预计，2025年全球人工智能市场规模将超过6万亿美元，2017～2025年复合增长率达30%。

在人类文明史上，AI的意义不亚于印刷术。正如《连线》杂志主编凯文·凯利（Kevin Kelly）所说，"之前没有任何一项发明能像它一样给我们的世界带来如此大的改变。到 21 世纪末，人工智能可能会渗透并改变我们生活中的一切。"

新技术交融共生

纵观历史，我们发现，智能革命的本质就是赋予机器"生命"，让机器像人一样，拥有"大脑"，可以去听、去看、去思考、去行动，在此过程中，解放生产力，优化生产关系，创造美好生活。

如同空气、阳光、水是人类生命三要素一样，云、AI、5G 是智能世界的"生命三要素"。具体来说，云计算是能让全世界的人像用电一样享用信息的应用和服务，好比是太阳；AI 就像雨露一样渗透到各个行业，助力它们技术转型和产效提升，如同水；5G 作为无处不在的连接，就像是空气。

这个比喻颇有深意。我们知道，离开了阳光、水、空气，生命就会枯萎凋零，同理，离开了云、AI、5G，不管是政府还是企业，其智能升级都将寸步难行。更为重要的是，阳光、水、空气的光合作用，滋养着世间万物。

作为新一代信息基础设施，云、AI、5G 并非彼此独立而是交融共生，我们称之为"云 +AI+5G 超级聚变"。

我们试图借助"砼"（读音 tóng）字来理解"云 +AI+5G 超级聚变"。"砼"，是混凝土在工程学领域的简称，它由水泥、砂子、碎石加水搅拌而成，因为混合、搅拌再加上水泥的胶凝作用，混凝土成为一种新的通用的建筑材料，其强度和性能远远优于三种原料。作为新一代信息基础设施，"云+AI+5G超级聚变"也是一种交融，只不过，混凝土的制成是简单的物理反应，后者的交融是复杂的化学反应，甚至是能量巨大的聚变。

系统理论有助于我们更加深刻地理解"云+AI+5G超级聚变"。

美国环境科学家德内拉·梅多斯（Donella Meadows）在《系统之美：决策者的系统思考》中这样定义系统："一系列相互关联的元素以某种方式结合在一起，共同产生巨大影响。"她认为，对一个系统来说，要素、连接、功能或目标必不可少，它们相互联系，各司其职。通常来讲，一个技术体系多由一组技术相互作用形成一个平台，当该平台能够承载基本创新时，就会孕育一场技术革命。

铁路革命是个例子。高压蒸汽机、精密机械零件、改良过的冶金术，这些在不同时间发明也在不同时间商业化的技术共同组成一个体系，加上有限责任公司和股票市场等非技术层面的创新助力，让铁路革命得以实现。

通信领域也是如此。半导体、集成电路、计算机、软件、计算机网络和手机等技术集合在一起，加上微处理器，酿成了通信技术革命。

"黑灯工厂"是智能场景的经典场景——关闭作业区域的照明灯光，把从原料、坯件到成品的每一道生产工序，从检测、包装到运输的每一个环节，均交给机器人来完成，无须工人值守。机器人替代工人看似简单，其实不然，它背后是云+AI+5G超级聚变的一整套系统在支撑。"黑灯工厂"是一件酷炫的事情，建造成本极高，许多中小企业望尘莫及。

"云化机器人"是一条现实路径。它的生产场景是这样的：机器人通过5G网络与云端控制中心和边缘数据中心相连，时时按照边缘/云端传来的超低时延的指令，靠着自身拥有的自组织和协同能力来进行柔性生产。由于它的"大脑"——数据存储、运算控制等功能都在云端，所以被称为"云化机器人"。与传统机器人相比，"云化机器人"减少了不少复杂的软硬件设施，更像是一款工业移动终端，成本低，功耗小，具有超高的经济性。

"云化机器人"生产场景的背后，还有一套技术系统：布设在生产线上的传感器把流程数据快速上云，跟控制和模块训练有关的传到云端，与执行相关的传到边缘，AI利用机器学习等给予算力算法保障，两者构成的超高计算平台，对生产制造过程进行实时运算控制。当然，这一切都必须在5G网络之下。5G是使能云化机器人的关键，有了它的大带宽快传输，工业生产环节的海量数据才能快速上云，毫无"拥堵"之虞；有了它的高可靠低时延，云化机器人才能无缝响应来自云端的控制和来自边缘的执行指令；有了它的大连接，工厂内才能布满传感器且随时调整。

由此看来，支撑"云化机器人"的，并不是单一技术，而是云计算、人工智能、5G、物联网等一批技术之间的交融共生，即"云+AI+5G超级聚变"。它是一个技术系统，云、AI、5G是要素，产业智能的内在机理和需求是连接逻辑，功能或目标就是构建智能世界。具体来说，云是存储和计算数据的使能机构，AI叠加在上面且贯穿全过程，5G是采集大数据的使能技术，三者交融聚变构成新一代智能革命的基础设施，即这一轮智能革命的新引擎。

"云+AI+5G超级聚变"既强调5G的赋能，又强调云+AI+5G构成的系统支撑，以及三者共同发力创造出的智能新物种，是将智能革命入口放在生产侧的B端视角，与中国经济供给侧结构性改革的主线相得益彰。

第三节　产业智能的链式裂变

一连串技术的超级聚变，引发一大波产业的链式裂变，这就是智能时代的显著特征。可以想象，"云+AI+5G超级聚变"一旦与产业和城市的智能需求相结合，就会像自然界的光合作用那样，使能万物，创造万物，抑或又像寒武纪再现，引发"聚变"和"裂变"，带来智能物种的大爆发。

主战场迁移

诸多迹象表明，链式裂变的主战场已经从消费端迁移到了生产端，产业智能正当时。

云计算原本是B端业务，但在北上广深等大城市机场，你常常刚看到几连屏的华为云广告，转过身去就能看到阿里云、腾讯云的广告。云业务的广告战恰好是智能竞争从 C 端转向 B 端、从消费智能转向产业智能的佐证。

2017 年以来，华为、阿里、腾讯在产业智能上动作频频。华为正式发布了可用于实际 AI 训练任务的商业应用 AI 芯片昇腾 910；阿里旗下半导体公司平头哥推出了第一颗 AI 芯片，在 AI 芯片、AI 云服务、AI 算法、AI 平台、产业 AI 方面进行完整布局；腾讯宣布推出"AI 生态计划"，发布"AI 开放平台"，与腾讯游戏、社交、内容等业务场景深度融合。

云只是巨头转身产业智能的一个看得见的入口，云 +AI 制高点争夺已短兵相接。华为的优势是提供"云、边、端、连接"整体解决方案，先后推出 EI 城市智能体和 EI 交通智能体，阿里、腾讯也都通过组织架构调整把 AI 驱动云计算和产业互联网作为战略方向。巨头们看得明白，产业智能之战不再是单一技术和单一业务的比拼，关键是基于 AI 能力的云如何渗透到各行各业。2019 年，竞争又加入了 5G 这个重大变量。

智能主战场的迁移是社会需求和环境变化的产物。中国工程院院士、国家新一代人工智能战略咨询委员会组长、中国人工智能产业发展联盟理事长潘云鹤这样分析：一是社会需求发生了巨大变化。人工智能诞生以来的前 60 年，我们研究的是如何用计算机模拟一个人的智能行为，现在我们要解决的是智能城市、智能医疗、智能交通、智能游戏、智能制造等问题，需要模拟一群人的智能，需要直面复杂巨系统的智能化问题，人的智能很重要，但系统的智能更重要。二是信息环境发生了巨大变化。以前研究的是一台计算机的智能模拟，现在面对的是由互联网、移动计算、超级计算、可穿戴设备、物联网、云计算、网上社区、万维网、搜索引擎等工具构成的复杂信息巨系统。三是人工智能的基础和目标发生了巨大变化。以前我们希望计算机能够像人那样聪明，现在我们明白计算机在某些方面可以比人更聪明，比如，记忆、计算、下棋等。机器智能和人脑智能两者各有所长，将它们联合起来构建一个比人和机器更聪明的智能体，成为人工智能发展的新目标。

空间变化也是一个重要原因。以前人类世界是二元的，分成人类社会空间和物理世界，但随着互联网和信息技术的进步，人类世界正形成一个新的空间——赛博空间。在这个信息空间里，人类不仅可以看到物理空间新的一面，还能通过信息空间直接改造物理空间，重新认识自己。

试想一下，群体智能、系统智能、机器智能……还有赛博空间里的智能改造，这一连串变革，都需要而且必须在产业端进行探索和实践。由此看来，主战场迁移是一种技术进步、社会发展的必然，未来很长一段时间内，产业智能都将是智能革命的主要矛盾。

知识生产工具

孵化和推动产业智能发展，是"云+AI+5G超级聚变"的重要使命。

与消费智能相比，产业智能需要面对的难题更多。中国工程院院士邬贺铨将其归结为五点：

第一，场景和终端个性化。消费互联网虽然面向近 10 亿网民的个性化需求，但消费场景和智能终端易于标准化，消费者可以享有相同的智能手机、线上门店和本地生活 App；产业互联网则不同，场景设在企业的生产车间，终端为五花八门的生产设备和生产节点，数据海量，连接和算法模型复杂，"工程师必须下车间"，既要提供产品，又要提供解决方案。

第二，IoT（物联网）刚起步。由于涉及生产的稳定性，传输要求高，可靠性、安全性和超低时延响应，缺一不可。同时，产业智能的前提是机器联网，传感器布设、数据采集、算力算法等都是挑战。

第三，基础设施有待构建。既缺乏便捷的智能终端，又缺乏像 iOS 或安卓这样的通用平台，也缺乏多样的工业 App，"云 +AI+5G 超级聚变"构成产业互联网的基础设施尚处于起步阶段。

第四，商业模式不成熟。与消费互联网"挂羊头卖狗肉""羊毛出在狗身上"，靠烧钱圈用户、赚流量不同，企业智能转型还处于投资期，没找到成熟的商业模式，处于"叫得响、热得慢、干着急、无从下手"的尴尬境地。

第五，人才是瓶颈。许多企业想智能化，但说不清需求；投资大，类似"合同能源管理"共担成本的模式尚未创新出来，技改摊销缺乏政策支持；既能理解技术又理解生产流程的复合型人才缺乏，企业与第三方机构间缺乏信任，担心技术诀窍等商业秘密被窃，为友商所用。

透过差别，我们看到了产业智能背后的复杂与挑战。复杂场景、复杂连接、复杂生态，加上海量数据、海量计算、快速的传输需求等挑战交融叠加，每走一步，哪怕一点一滴，都需要超级的、智慧的体系来支持。

只有"云+AI+5G超级聚变"系统能够承担起这样的重任。

回顾历史，人类经历过机械革命、电气革命和信息技术革命，通过提升物质生产力，为社会经济提供发展动力。智能革命属于第四次动力革命，但改变的是知识生产力。

过去20年发生在消费领域的智能革命，信息流也好，电子商务也罢，都是测量，前者是探知人的需求，后者是探知人的市场行为，只解决了交易环节的体验、效率、成本，没有触及社会进步的本质。抛开艺术、创意、情感体验等不说，产业智能的核心在于它可以将5G通信、存储和计算、中心云和边缘云、算法算力、人工智能等（云+AI+5G）技术聚合在一起，使用"机器大脑"在一些相对确定的场景里生产工程化的知识，形成新一代的知识生产工具。

华为高级副总裁、数字转型首席战略官车海平认为，云+AI+5G这几个要素不是分裂的，需要场景化地整装为行业知识数字化再生产的工具平台，将行业数据经济高效地转化为行业知识组件。

知识生产工具和知识组件，作为各行业和企业的新一代基础设施和生产要素，将会广泛地注入到各行各业中去，尤其是各行业的生产环节（生产原料、生产装备、生产服务、制成品及其使用的智能化升级），整体给供给侧带来结构性的变化。

知识生产工具的基础构成要素就是连接、计算加人工智能，云、AI、5G 合在一起才是整个人类社会进入以知识经济和协同生产为核心增长动能的数字经济时代所需要的新的工具革命。从经济学上看，数据、信息、知识等是比较本质的生产要素，各行业的知识经济的价值闭环方式，也将升级到 IT 行业所最先产生的基于操作系统的平台生态模式（这是一个更为先进的技术经济范式），这个技术经济范式让人的知识创造活动以更快速度、更大规模实现价值闭环。

新一代知识生产工具的核心要素是数据、算力和算法。其中，数据是原料，是隐性的知识载体。在"云+AI+5G 超级聚变"催化下，ICT 技术可以探索更经济、高效、个性化的知识生产装备和生产体系，以把原料转化成知识制成品。如果各行各业都探索出自己的知识生产工具，找到自己的经济范式，成为社会价值创造的驱动力，人类的生产力就会迎来一次大的跃升。

对于这个事关人类社会进化的重大问题，我们只是朦朦胧胧看到了一丝微光，但前景是乐观的。只要牢牢地抓住"云+AI+5G 超级聚变"，把新动能的潜力激发出来，一定能找到破解难题的答案。

微笑曲线与全局优化

微笑曲线，讲的是价值最丰富的区域集中在生产价值链的两端——研发和市场销售。没有研发能力，只能赚代工的辛苦钱；没有市场能力，再好的产品也等于零，所谓"酒香也怕巷子深"。

微笑曲线是我国制造业的真实写照。2019年9月1日，工信部副部长王江平在公开演讲时透露，我国制造业企业的平均利润率仅为2.59%，即便是中国制造500强，其平均利润率也只有4.37%。利薄如纸是中国制造大而不强的恶果，也是长期脱离客户需求的结果。扒开制造业链条来看，技术革新能够创造市场，所以研发赚钱；销售离客户最近，知道如何将产品变现，所以销售赚钱；生产商与客户之间存在许多中间商，既不知道客户是谁，又不知道客户需求是什么，所以赚最少的钱。

智能时代有望改变这一切。随着大数据、云计算、人工智能等技术的飞速发展，特别是经历过消费智能探索，交易里的许多环节被打掉了，"没有中间商赚差价"让生产商与客户可以直接相连，可以随时响应客户追求品质生活衍生出来的个性化定制需求。这里面有三个改变：一是消费智能完成了从物流、销售到客户的工业链路价值重构；二是智能工厂又开启生产制造环节的创新，实现了满足个性化需求的柔性生产；三是从产品设计到销售运维，实现产品全生命周期的掌控。伴着这三个改变，生产商变成举足轻重的角色，微笑曲线被颠覆。

透过微笑曲线的颠覆，我们看到的是全局优化。比如，智能工厂不仅需要让数据采集、监控、制造执行等系统相连，还需要一个基于云+AI+5G的"操作系统"。

当然，全局优化并非如此简单。从需求来看，垂直行业或企业希望针对整个行业或企业去做全局优化，不仅需要更高效、更简单好用的ICT基础设施，还需要把涉及的数据、信息和知识通过ICT技术和系统集成进行业知识生产的生态平台，且实现行业知识组件作为制成品的"柔性生产和按需供给"的产业模式升级。作为全局优化的数字化转型在实现本行业或者企业的业务目标的同时，其实也在促进新的知识生产工具诞生和完善，其首要任务是改变IT业界既有主导者定义的企业软件和企业系统集成的产业模式及产业链分工结构，把散在企业的软件和系统及行业知识生产模式进行升级，将零散的多点连成线、连成体，重构知识链、资产链，改变企业内部价值创造业务流的结构和节奏。行业知识在生产原料、生产装备、生产工艺和流程、制成品业务流中的有效注入，将是一个核心动能要素，有力地支撑全局优化。借力全局优化平台，制造企业可顺利完成智能化升级。

现在哪些国家最需要做全局生产和销售资源优化？其中当然包括中国。这是机遇也是挑战，像华为这样既有产业基础又有ICT技术的公司有望成为其中的重要贡献者。

第四节 云+AI+5G 的新商业逻辑

一切才刚刚开始。

作为一种"超级聚变"系统,"云+AI+5G"引领的产业智能革命才刚拉开序幕,"所有行业都要重新做一遍"的判断,经过消费智能的破题之后,在产业智能阶段将被继续书写,不同的是,深度、广度、裂度都要深得多。

"云+AI+5G 超级聚变"迅速演进着"总体大于部分"的商业逻辑,协同价值凸显。企业可以在云里构建供应链,数据通过算法进行协同,搭建需求与供应间的连接,提供个性化服务。在这样的闭环里,5G、云、AI、终端、边缘及 IoT 不断走向智能。

换道超车的大好机会

在人机大战的历史上,最惊心动魄的当属 1997 年"深蓝"与加里·卡斯帕罗夫(Garry Kasparov)之间的对弈。前者是美国 IBM 公司生产的一台超级国际象棋电脑,后者是国际象棋冠军。在正常时限的比赛中,"深蓝"以 2 胜 3 平 1 负的成绩赢得了比赛。"深蓝"的智慧来自于人类棋手智慧的滋养。比赛前,"深蓝"被输入了优秀棋手的 200 多万种对局。虽然"深蓝"在世界超级电脑中只排第 259 位,可其运算速度已达到每秒 2 亿步棋,远非人类可以比拟。

2016 年,谷歌旗下 DeepMind 公司开发的 AI 围棋程序 AlphaGo

再次显示了"机器大脑"的威力。它先后击败了人类职业围棋冠军李世石和柯洁。AlphaGo 的工作原理是"深度学习",即通过构建多层的人工神经网络,用类似人类识别图片的方法,反复学习数百万人类围棋棋谱,训练出由落子选择器和棋局评估器组成的神经网络"大脑"。

AlphaGo Zero(AlphaGo 最强最新的版本)更厉害。2019 年 10 月 DeepMind 在《自然》(Nature)杂志发表文章称,最终版围棋程序 AlphaGo Zero 已经以 100∶0 的战绩击败了原来的 AlphaGo。AlphaGo Zero 通过自我对弈来训练神经网络,不再需要学习人类棋谱数据。出人意料的是,在高频的自我对弈中,它发现了围棋的游戏规则,并创造出新策略。

很明显,AlphaGo Zero 下棋的"思路"既不同于"深蓝",也不同于人类。当它自我对弈时,通用处理器(CPU)和图形处理器(GPU)同时进行网络计算与蒙特卡洛树形搜索,这种算力令人类难望其项背。

在为 AlphaGo Zero 的胜利惊呼之时,也引发了我们对另外一个命题——知识经济的思考。

华为公司产业战略与政策部部长李力认为,知识经济时代最大的特征是知识爆炸。蒸汽机和电力满足了大规模批量生产的基本条件,计算机和互联网则构建了大规模定制化生产的基础,导致生产方式转型过程中出现了大量问题,通过解决这些问题产生了大量知识,这就是知识爆炸、信息爆炸的本质。但是,AI 的出现改变了游戏规则。AI 的特点是：直接算出最终的正确答案，而忽略一切中间过程。知识经济时代所解决的问题绝大多数都是中间过程中的问题，这些问题对于 AI 来说没有意义，所以大量的知识也就突然变得没有意义了。回过头来看 AlphaGo 案例，这一点就看得非常清楚：4000 多年围棋文明积累的知识在 AlphaGo 面前是没有什么意义的。简单点说，AI 可以把知识经济时代创造的绝大多数知识的经济价值直接归零！

AI 商用成熟将人类社会从重知主义推向重智主义，从知识经济推向智能经济，而 AlphaGo 的出现就是里程碑式的转折点。在这个背景下思考华为的产业组合管理，可以得出两个合乎逻辑的推论：

第一，如果没有掌握某个行业的"AlphaGo 能力"，就不要进入这个行业，因为很可能是自取灭亡之举，被掌握"AlphaGo 能力"的友商碾压。

第二，从现在开始，华为不仅要构筑 AI 算力上的技术和成本优势，更要想方设法获取尽可能多行业的"AlphaGo 能力"，这样才能构筑面向未来的产业组合优势。

知识经济，说白了，就是经济增长靠知识拉动，而不是仅仅依靠传统的原料、能源和劳动力等物质基础。当然，这里说的知识指的是创新能力，特别是科技创新能力。在工业化、信息化的进程中，经济的内涵和外延不断拓展，人类遇到前所未有的难题，在攻坚克难中产生大量的知识。有人大胆地推算，"全世界的知识总量每隔 7～10 年就会翻一番",并称之为"知识爆炸"。

AlphaGo 走出了知识经济的另外一条道路。

让我们来细察 AlphaGo 下棋的"思路"和工作机理：在学习了人类千万盘棋局后，它不再像人类那样用围棋规则去推导棋局的下一步，而是采用搜索算法和基于深度学习的模式识别，依托"大脑"里的落子选择器和棋局评估器优化出一个结果，直接落子。可以想象，若这种不问过程直达结果的"思维"成为人工智能的标配，必将颠覆知识经济的存在。

"机器可以思考吗？"面对这个问题，丹麦计算机科学家迪克斯特拉（Dijkstra）机智地反问："潜艇会游泳吗？"潜艇不会像鱼儿或者人类那样摆身姿游泳，但并不妨碍它拥有超强的水下能力。

这就是 AlphaGo 的隐喻：人工智能不断帮助人类解决问题，却不像人类那样思考。这意味着在智能革命中，人类过往的知识、经验、思维模式、行动方法都有可能被推倒重来，或直接跳过。知识经济会不会被终结？也许会，也许不会，重要的不是答案，而是人类能否将它变成一次跃升，变成自己前行中的上升螺旋。

拿着旧地图，找不到新大陆。AlphaGo 启示我们，智能化给我们提供了一个换道超车的好机会。华为产业战略与政策部部长李力认为，中国的基础研究远远落后于西方，科研体系也不够完善，但是突破算力的机会是平等的，如果中国能够利用这个机会，弥补短板，可以实现"换道超车"。以装备行业为例，高端装备被日本、德国、美国、瑞士把控着。中国底子薄弱，但智能化提供了超越的机会，比如，智能机器人完全可以快速补上我们高端装备的短板。

如果每行每业都有一个AlphaGo，世界将会怎样？这是值得思考的问题，更是不能错过的大好机会。

崛起的"超级聚变时代"

布氏游蚁（eciton burchelli）是一种生活在南美洲的行军蚁。它们喜欢群体生活，从来不单独行动，无论是侦察觅食还是带食回营，总是浩浩荡荡结成蚁团。

生物学家奈杰尔·弗兰克斯（Nigel Franks）发现，单个行军蚁是已知的行为最简单的生物，它几乎没有视力，也没什么智能，只是受遗传天性驱使寻找食物，对同伴释放的化学信号做出简单反应。如果将100只行军蚁放在一个平面上，它们会不断往外绕圈直到体力耗尽而死。然而，如果将100万只行军蚁放到一起，它们就会组成一个整体，变成具有"群体智能"的"超生物"——没有谁掌握这支军队，不存在指挥官，但蚁团以扇形方式行进，一路所向披靡，吃掉遇到的一切猎物。晚间，行军蚁会修筑庇护所——工蚁连在一起组成球体，幼蚁和蚁后被围在中间保护起来。天亮后，蚁球散开，行军蚁各就各位进行白天的行军。

"群体智能"是一种非常奇妙的现象。在不存在中央控制的情况下，大量简单个体自行组织成能够产生模式、处理信息，甚至进化、学习的整体,这种"群体智能"是不是跟"云+AI+5G超级聚变"一样,也是一个超级信息处理系统?

在与语言学家聊天时,我得到了另外一个启示:与布氏游蚁相似,人类也是单体弱小,群体强大。如果我们把人类的群体强大也称作"群体智能"的话,它的演进逻辑是社会分工和协作。人类历史上共经历过三次社会大分工,分别是畜牧业和农业、手工业和农业、脑力劳动和体力劳动的分离。今天处于爆炸式创新的前夜,未来二三十年智能社会必将到来。在这样一个转折期,人类(人脑)与人工智能(机器大脑)会不会形成第四次社会大分工?

我们还不能解答谜团。但布氏游蚁的启示十分珍贵:"群体智能"是一种进化逻辑,一种技术范式。有意思的是,2017年,我国发布了《新一代人工智能发展规划》,明确提出人工智能发展的五大技术方向,群体智能赫然在列。

群体智能是机器智能与人脑智能的有效结合体,它模仿的是基于5G技术和互联网连接起来的众多机器和人群,是把人的灵活性和机器的准确性糅合而成的智能。如果人类想在群体智能的应用场景,如无人咨询、网联车、无人海运系统等领域取得突破,必须充分发挥"云+AI+5G超级聚变"的作用。

每一个时代都会造就伟大的企业。如果说,苹果靠"智能手机+iOS操作系统+App Store上丰富的第三方App"平台,构筑起了消费互联的生态,成为消费智能时代的引领者,那在产业智能时代，华为公司因为产品和技术最先进，5G商用合同最多，专利数量最多，同时拥有领先的5G芯片，被市场广泛看好。我们有理由相信，随着智能革命不断深化，随着主战场从消费智能迁向产业智能，华为将凭着"云+AI+5G超级聚变"成为产业智能时代的领导者。从苹果时代到华为时代，一幅令人兴奋的智能革命路线图逐渐展开。

当然，智能时代的机会绝不只属于华为，大、小公司机会均等，大公司深耕平台，用新的知识生产工具赋能产业，小公司在垂直领域硬核创新，两者协同发展。

所有行业都重新做一遍

有一个未来场景十分有趣：宽阔的马路上，女生在前面优雅地行走，一个男子紧随其后。安装在路边的智能摄像头，根据男子的步态、与女生的距离，通过边缘计算，能够判断出男子是否存有歹心，一旦发现异常，摄像头就会立即发出指令，呼叫警察。

这个场景既是"云+AI+5G超级聚变"的典型应用，也是商业逻辑的丰富集合。有商业头脑的企业家能从中找出自己赚钱的方法。而且，"云+AI+5G"的商业逻辑不止于此。

让我们来回顾商业逻辑演变的历程。人类社会生活离不开信息流、资金流和物流。历次工业革命都是从根本上提升上述"三流"的运行效率。

传统商业时代，企业先生产再销售，根据销售的情况扩大再生产（或减少产量）。所以，商业逻辑是物流—资金流—信息流。这是一个非常落后的"恐龙级"过程，会产生大量的囤货、库存，物流效率极低。如果出现错误的市场导向，还会造成巨大损失。

互联网时代，以电子商务起家的亚马逊颠倒了传统商业逻辑的顺序。用户在网站下单，平台协调供应商，并通过物流实现存储和配送，把货送到用户家中。商业逻辑是信息流—资金流—物流。因此，亚马逊不需要库房，库存环节被打掉了，货直接从工厂发给用户，物流改善了，节省了中转时间。

智能时代，亚马逊在互联网时代的流程上泛在地叠加了人工智能。用户登录亚马逊的终端（网站或者App）搜索想要的货品，亚马逊根据存储在云端的用户既往浏览和购买的数据，用AI算法优先算出用户可能喜欢或需要的货品，然后推荐产品。这项智能改变让亚马逊高居公司市值榜首位。

"未来智能化将消灭互联网。"谷歌原首席执行官埃里克·施密特曾这样大胆预测。我们暂且不论对错，但端的丰富已成为现实，除了手机，音箱、台灯、电视、冰箱、扫地机器人等都成为智能入口，我们可以便捷地通过这些端，发出语音指令，买回自己想要的东西。

移动互联网会怎样改变商业？对于这个问题，一家互联网巨头的董事长淡然一笑：把所有行业都重新做一遍。五六年过去了，我们已经看到了消费领域的变化，现在生产领域的深刻变革正在展开。

"把所有行业都重新做一遍"，是以"云+AI+5G超级聚变"为引领的，这是一种战略认识。一些企业赢了当下，却输了未来；战胜了对手，却输给了时代。究其原因，我们发现这些企业对"云+AI+5G超级聚变"将引发的变革缺乏认知，当行业发生非连续性的变化，处于变革拐点时，它们无动于衷。

关于行业重做的本质，京东集团首席战略官、原长江商学院副院长廖建文提出了"颗粒度经济"的概念。他说，重新做一遍的核心是价值创造和价值获取。近20年来，我们只是构建了下一时代的基础设施，所有行业都转向变革的拐点。在新的智能时代，我们要在实现千人千面+精准匹配+生产调度的精细化下发力，跨越场景数据化、数据网络化、网络智能化三个不可逾越的阶段。

华为率先做出了变革。他们将企业业务定位为"Huawei Inside"，即通过"无处不在的连接+数字平台+无所不及的智能"，致力于打造数字中国的底座，成为数字世界的内核。他们认为，信息物理系统（cyber physical system，CPS）分为感知层、网络层和控制层，包含了环境感知、嵌入式计算、网络通信和网络控制等系统工程，它广泛用于智能家居、机器人、设备互联、物联传感、工业控制、智能交通等领域。"云+AI+5G超级聚变"是信息物理系统下的核心技术体系，无论是对感知层，还是对网络层和控制层，都有着深刻的影响，可谓智能革命的引擎。

当前，华为 AI 收入主要来自算力收入。客户之所以愿意购买算力，是因为 AI 应用不仅能带来巨大的商业价值，还能创造压倒性的竞争优势。华为不可能只做 AI 算力的生意，所以，他们技术路径的核心基于 EI（企业智能）和 HiAI（面向移动终端的 AI 计算平台）这两个 AI 应用使能平台，最大的便利则是中国巨大的数据优势和中国制造业的规模优势。

这是一个人工智能、云计算、物联网、大数据、触摸技术、感知技术等综合运用的时代，也是一个历史机遇，但更像一个快速技术变革所定义的复杂战场。企业用什么技术武器才能赢得未来？

中国信息通信研究院在其报告里这样描述："云+AI+5G"将重构工业的生产模式，实现工业产业链中各要素的互联互通，加速工业产业数字化转型。5G 实现产业链上各个价值要素的互联互通，高带宽、低延时的特性能够满足对工业领域实时性场景的需求，而连接产生的大量数据汇聚到云端，由云为工业应用提供多元算力，最后由 AI 平台对工业数据进行训练和推理。ICT 技术融入工业产业发展中，可以实现工业互联的全流程信息感知和事件决策，直接驱动智能终端和智能机器人从工具向助理的角色转变，使工业产业摆脱以往"粗放、低效、高能耗"的生产模式，向着"高品质、高能效、智慧化"的方向发展。

5G、云、AI、移动支付、现代物流、智联网（AIoT）以及中国制造组成的新基础设施，带来一批新的投资和创业机会。基础设施如同生物界的环境，环境发生变化，物种也一定发生变化。物竞天择，适者生存。随着商业环境的发展变迁，不做改变的老生态企业注定被淘汰，新兴物种将诞生。

从经济逻辑上来讲，要把云、AI、5G这三个要素整合成一个，需要知识生产装备体系的革命性升级，就像工业时代的动力革命一样。

丘吉尔曾说，"这不是结束，甚至不是结束的开始，而仅仅是开始的结束！"这句话用在当下，很好地吻合了时代。

下一个十年，既是人们的恐惧所系，也是欲望所在。畅想一下，未来十年企业界将会发生什么。

无人驾驶汽车来自奔驰、宝马、福特、丰田等传统车企，还是来自谷歌、苹果或者特斯拉？谁将通过家庭智能机器人监测的行为数据，协助家庭全科医生提供健康指导和疾病管理？谁将把智能冰箱在线自动订购的食品、饮料送货上门，是格力、京东还是美团？

你的对手不是友商，是时代。要么成为颠覆者，要么被颠覆，没有中间道路可以选择。相信有一天，我们一定会成功。任正非说，"桃子树上一定会结出西瓜"，虽然现在结的还只是"李子"。

NEW
BUSINESS
LOGIC

如果我们把"云 + AI + 5G"的数字基础设施带给产业的影响看成是一场"链式裂变",目前人类社会正处于类似的临界点,标志是每个领域都在积蓄"像核爆炸的一种能量"。

02

第二章

链式裂变的
能量大爆发

一切才刚刚开始。

如同原子弹爆炸的重核裂变和链式反应——一些重元素的原子核在一个中子轰击下，分裂成两个质量相近的新核（也称核碎片），并放出 2～3 个中子和 200MeV 能量，若有一个中子再轰击另一重核引起分裂，分裂后又发生这样的反应，如此能使重核裂变反应自动连续地进行。

物理学里把维持重核裂变链式反应持续进行的裂变物质的最小质量，叫作临界量（critical mass）。在社会学中，有一个社会动力学名词——群聚效应，用来描述在一个社会系统里，某件事情的存在已达至一个足够的动量使它能够自我维持，并为往后的成长提供动力。

第一节 数字经济与新商业形态

按照经济学家约瑟夫·熊彼特（Joseph Schumpeter）的定义，未来数字资源将渗透到产业中的任何一个环节，这会带来拥有无限可能的新的产业组合。

从底层逻辑来理解，数据、算力和算法是奠定"链式裂变"的三大基础；从网络结构的视角理解，数字经济为"链式裂变"提供了环境；从能量角度理解，"链式裂变"创造了数十万亿元的新市场。

"链式裂变"的三大基础

"链式裂变"以数据作为能源和驱动力，通过边缘计算和云计算等，数据与数据碰撞，激发新的裂变反应，产生巨大的数据智能。

从底层逻辑来理解，数据、算力和算法是奠定"链式裂变"的三大基础。

数据是"链式裂变"的"核燃料"。据统计，全球传感器行业市场规模自2010年的720亿美元增长到2018年的2059亿美元（年复合增长率达14%）。搭载智能传感器的各种设备和智能化终端相当于智能化生态体系的"神经末梢"，可以采集到很多原来无法采集的数据。很多工厂实现了自动化并开始大量使用工业机器人，随着物联网的设备越来越多，生产端数据在线化更为普及。根据IDC预测，到2025年全球物联网设备数将达到416亿台。这些数据被称为"活数据"——它们被不断地消化、处理，产生增值服务，同时又产生更多的数据，形成数据回流。

算力是"链式裂变"的支撑体系。根据 IDC 发布的《数据时代 2025》，全球每年产生的数据将从 2018 年的 33ZB 增长到 2025 年的 175ZB，如果按照平均网速 25Mb/ 秒计算，一个人要下载完这 175ZB 的数据需要 18 亿年。过去 3 年里，人类收集的数据是有史以来到 3 年前所有数据的总和。当数据量发生爆炸式增长，对算力的需求自然水涨船高，计算成为最重要的基础设施，而且本身就是一个万亿级大市场。5G、边缘计算和云计算无处不在，端边云协同的布局形成智能生态系统的"神经网络"，为世界提供了超级的计算能力。

算法是"链式裂变"的加速器。随着人工智能在各个行业中应用，更多行业知识被赋予显性化和系统化的特征，知识创新的效率大大提升，这带来巨大的商业价值和社会价值。智能的产生，本质上是非结构化数据⊖的结构化过程。华为 GIV2025（Global Industry Vision 2025）预测，非结构化数据占比持续提高，未来将达到 95% 以上。在非结构化数据中，有一个信息和洞察力的金矿——每增加一条信息，人工智能系统就会变得更智能，结果也会得到改善。智能算法包含着行业智能（各行各业的 know-how，知识、经验、流程），能产生更加精准的决策结果，成为智能生态系统的"智慧大脑"。

⊖ 非结构化数据是指数据结构不规则或不完整，没有预定义的数据模型，不方便用数据库二维逻辑表来表现的数据。

"链式裂变"的环境

从网络结构的视角理解，数字经济构造了一个"新的信息空间和经济空间"，是形成"链式裂变"的环境。

数字经济不是一个新的概念。

1996年唐·泰普斯科特（Don Tapscott）在其撰写的《数字经济：智力互联时代的希望与风险》中提出了"数字经济"的概念，被誉为"数字经济之父"。

2016年，G20杭州峰会发布的《二十国集团数字经济发展与合作倡议》中定义的数字经济，是"以使用数字化的知识和信息作为关键生产要素、以现代信息网络作为重要载体、以信息通信技术的有效使用作为效率提升和经济结构优化的重要推动力的一系列经济活动"。

中国是数字经济最活跃的国家之一。截至2018年年底，中国数字经济的规模达到31万亿元，约占GDP的三分之一，预计2035年将达到150万亿元。

在"链式裂变"推动下，数字经济进入了以人工智能为核心驱动力的数字经济新阶段，是一种更泛在化、更高维度的数字经济。从消费智能到产业智能，从物理世界到赛博空间，从公司组织到生态系统，数字经济全面地渗透和升级。

"链式裂变"赋予了数字经济升维的空间，新的信息空间和经济空间呈现出平台化、网络化、普惠化三大特征。

平台化特征。过去十年，整个世界共同经历了平台模式，平台是一种新的资源配置和组织方式，是数字经济时代的基础，诞生了很多千亿美元的超级公司。数字经济进入新阶段，很多技术公司通过平台延伸自己的基础设施能力和商业生态系统，形成"超级平台"；很多线下公司、传统公司、B to B 公司也在发展平台，掌握一个行业的话语权，赋能合作伙伴和中小企业，进而推动行业持续性创新。值得一提的是，这些具有超大规模分工协作体系的平台型商业体与其他主体是协同共生的关系。

网络化特征。过去的数字经济以消费端为主，当下数字经济进入裂变式发展阶段，向产业纵深和多场景进入。数据的流动与共享，改写了公司的生长逻辑，加速了产业智能升级与城市智能化建设。由客户、供应商、合作企业和它们之间的信息流构成的动态网络使得现有价值不断裂变，再造出很多新的市场。

普惠化特征。过去，只有技术投入巨大的公司才能享受红利。云计算是一次巨大的革命，它是一种重要的使能技术。"云计算+5G"可使计算资源的普惠性大幅提升。数字经济进入下个十年，在数字基础设施的广袤地基上，通过各种接口，研发的门槛降低了，平台生态体系裂变出大量商业化应用（程序），各方实现了协同创新，更多的个体、公司、产业、城市享受到技术的普惠成果。

"链式裂变"释放新红利

从能量角度理解,"链式裂变"能量爆发的结果是创造出数十万亿元新市场红利。

5G将广泛变革行业。未来三年内,我国5G网络建设基本完善,各类应用将纷纷崛起,相关产业有较大增长机会。2025年,中国将成为全球最大的5G市场,并将创造数万亿元的产值。中国涵盖19个行业,3900多家企业基于5G的跨行业创新,引领全球行业数字化。到2035年,5G会使全球经济产出增加4.6%,对应到中国,增加GDP接近1万亿美元。

物联网的发展也为中国经济创造出新的增长点。到2030年,物联网有望为中国额外创造1.8万亿美元的GDP增长,其相关产业将对GDP贡献1.3%的增长率。

真正的蓝海是物联网和5G的结合。中国如果在物联网和5G时代占据较大的市场份额,创造出的市场规模相当于日本现在一年的GDP。

随着5G的应用和普及,云计算发展的带宽、时延、连接密度和成本的难题也得到了有效破解。云计算以其强大的弹性和高可拓展性,帮助企业实现数字化转型,实现企业IT资源优化和规模效应的最大化。云平台上整合的各类生产和市场资源,促进产业链上下游高效对接与协同创新,大幅降低企业数字化转型的门槛,加速经济的发展。

工业和信息化部印发的《推动企业上云实施指南（2018—2020年）》提出，要加快企业上云进程，明确了2020年全国新增上云企业100万家的目标。2018年，中国云计算产业规模达到962.8亿元，预计2023年将超过3000亿元。

接下来的10年是人工智能的黄金10年。根据IDC公布的数据，2018年全球人工智能市场规模达到240亿美元，中国市场占9.2%，达23亿美元。

2017年7月，国务院发布了《新一代人工智能发展规划》。预计到2020年，中国人工智能核心产业规模将超过1500亿元，带动相关产业规模将超过1万亿元，人工智能市场规模年均增长率超过40%。

人工智能的算力还推动了5G和云计算加速发展。华为副董事长胡厚崑预计，5年后人工智能计算所消耗的算力，将占到全社会算力消耗总量的80%以上。智能化的数据中心也进入了智能计算、智能存储和智能网络并存的全面智能时代。

未来将是一个万物互联的世界。AIoT融合了AI技术和IoT技术，通过物联网产生、收集海量的数据存储于边缘端、云端，形成"端边云协同"，再通过大数据分析以及更高形式的人工智能，实现万物数据化、万物智联化的智能化生态体系。

在无数新场景中，"云+AI+5G"与其他新一代信息技术彼此之间紧密融合，形成了飞轮效应——一开始，推动飞轮需要巨大的力量，但经过一圈一圈地反复推动，飞轮会转得越来越快，到达某一临界点后，飞轮的重力和冲力会成为推动力的一部分，无需外力，飞轮也会快速转动，而且不停地转动。

正如普利策奖获得者托马斯·弗里德曼（Thomas Friedman）在 2005 年的畅销书《世界是平的：二十一世纪简史》(*The World is Flat：A Brief History of the Twenty-first Century*)中提出的：由企业、贸易和关系构成的世界已经变成了一个平面运动场，在这块场地上，即便不是所有也是绝大部分竞争者都获得了一个平等的成功机会。无论国家、公司、社区、政府还是个体，都必须顺应扁平化的世界。

大公司做平台，小公司做应用，产业网络融合，区域创新爆发。它们是飞轮的推动者，更是未来十年数字经济红利的最早受益者。

第二节　大公司走向平台

有人将我们的时代称为"VUCA"时代——一个充满易变性（volatile）、不确定性（uncertain）、复杂性（complex）和模糊性（ambiguous）的时代。

这意味着，我们的时代也是一个企业"大爆炸"的时代。

引领这个时代的是托马斯·弗里德曼定义的"扁平化世界的领航者"。它们是搭桥者、联结者和协同者，擅长通过创新工具和传统工具以及技巧和技术的使用，与消费者、客户、合作伙伴建立和维持动态网络和关系。

《2019年国务院政府工作报告》中再次提出"平台经济"的概念。平台经济有两大优势：一是零成本复制性，即边际成本为零；二是开放性，使平台经济具有外部性和共赢的特点。

平台模式是过去十年最重要的商业模式，聚集了各类资源，将传统经济中的链式组织重构成围绕平台的环形链，裂变出更大的平台价值、客户价值和服务价值——平台的合作伙伴越多，平台就越有价值，也可以帮助更多公司实现更大的经济效益和社会效益。

未来十年是超级平台、产业平台的天下，这些"使能者"之间充分互动并赋予与它们联系的消费者、顾客和客户协同合作的机会。

这就是"链式裂变"带来的"领航者效应"。

超级平台崛起

过去十年，成功的世界级大公司有一个共同标签——"千亿美元俱乐部"。

根据2019年《财富》世界500强榜单，目前，全球仅有69家公司的年营收超过千亿美元，其中美国有29家，数量最多；中国有18家，排名第二；日本、德国、英国、法国、荷兰等国家，数量都在7家及以下。

所有上榜的中国公司总营收高达8.38万亿美元，占世界500

强上榜公司总营收的26%。其中，科技公司排名提升明显，华为第61名（上升11名），京东第139名（上升42名），阿里巴巴第182名（上升118名），腾讯第237名（上升331名）。

在"千亿美元俱乐部"中，ICT、汽车、能源产业的头部公司最多。通常一家公司的年营收超过千亿美元，无论处于哪一个行业，都是该行业的巨头，在全球范围内都具备影响力。

可以预见的是，随着新一代信息技术带来生产力的巨大提升，传统产业数字化转型和智能化升级完成后，"千亿美元俱乐部"的成员将会越来越多。

这些营收超过千亿美元的大公司，既是创新的聚集地和智能商业的主体，又处于多维网络的中心节点，逐渐形成自己的商业生态系统，有能力完成企业级、产业级再到社会级的创新，有机会率先进化成未来的"超级平台"。

超级平台拥有世界领先的研发能力。超级平台通常具有敏锐的技术前瞻性，具有丰沛的现金流储备，可以"不计成本"地对核心技术进行投入（或者通过收购创业公司等方式），在商业潜力尚未完全爆发的领域迅速切入新的赛道。

超级平台拥有强大的系统集成创新能力。超级平台最强的不是"单点突破"的能力，而是系统性创新的能力，它们可以围绕云计算、AI、5G等核心技术打造完善的创新生态链，做到"人无我有，人有我优"，成为产业创新的集大成者。

超级平台具有对外赋能的生态系统。超级平台通常是一个能够对外赋能的类似"热带雨林"的生态系统，在这里各种生物都能够充分吸收养分，完善自身生长。超级平台的生态繁荣，进一步激发产业创新能力，实现"强者恒强"。

在产业智能时代，会孵化出一批"新"谷歌、微软、BAT的超级平台。

产业平台升维

从 2018 年开始，产业互联网大幕开启。

作为物联网发展的重点领域，垂直的产业互联网纷纷崛起。其中，工业互联网作为新工业革命的关键支撑和智能制造的重要基石，被认为是下一个十年最大的发展趋势之一。

"工业互联网平台"是整个工业互联网的核心。我们可以把它理解成类似工业互联网的"操作系统"。就像苹果 iOS 系统和谷歌安卓系统牢牢掌控了消费互联网一样，谁提供的工业互联网"操作系统"更好、用的人更多，谁就掌握了工业互联网发展的主动权。

因此，工业互联网的"超级玩家"一般从"工业互联网平台"入手。

传统巨头公司是工业互联网的主力军。在"链式裂变"的助推下，它们有机会实现指数级的跨越式增长：集成硬件、MES 系统、大数据分析、工业App开发、工业服务等多个深耕细分领域，借助平台思维滚大雪球，将产业平台升维到生态云平台。

这些有可能率先实现产业平台升维的大公司有三个重要特征：

首先，具备产业影响力。如在工程机械行业，2017年以来，国内三大工程机械巨头先后投身工业互联网平台。2018年12月13日，徐工信息发布工业互联网全新品牌"徐工汉云"平台；同年12月18日，中联重科旗下中科云谷正式发布工业互联网平台ZValleyOS；三一集团旗下的树根互联2017年年初发布了其"根云"平台。

其次，具备产业洞察力。和消费物联网平台开发相比，工业互联网平台必须把大量时间分配在场景和需求分析上。能提供这样强大平台的公司，要么是工业制造能力很强的公司，要么是信息技术能力很强的公司。全球首个工业云平台Predix由美国通用电气公司（GE）在2015年正式发布，第二个平台是德国西门子公司在2016年4月开放的MindSphere，共同特点是具有制造业背景，更加深刻了解行业痛点，而且已经率先实现企业内部降本增效，完成自身转型升级。

最后，具有产业赋能力。这些公司掌握行业know-how，较好地进行工业知识软件化，不断扩充平台能力与知识储备，方便开发者调用，转化成可为跨行业、跨领域的其他企业提供的第三方服务。

除了上述三大特征，产业公司往往具备规模、供应链运营效率及客户资源三大核心优势；公司市场份额和规模优势显著，独创经营模式或商业模式，拥有超过行业均值的供应链管理水平；客户多是全球知名厂商，具有覆盖全球的营销网络，使得产业平台有能力跨行业赋能，实现平台升维。

平台商业模式：价值网协同共享

以超级平台为代表的基础平台和越来越多的产业平台正对接起来，基于价值网的平台协同共享已经成为新范式。

2017年11月印发的《国务院关于深化"互联网＋先进制造业"发展工业互联网的指导意见》明确提出，"到2020年，支持建设10个左右跨行业、跨领域平台，建成一批支撑企业数字化、网络化、智能化转型的企业级平台。"

这些跨行业跨领域的工业互联网平台发挥着"重要载体"的功能，包括工业资源集聚共享、工业数据集成利用、工业生产与服务优化创新等，它们既是各行业各领域工业互联网平台建设与推广的标杆，也是平台体系的枢纽和制造业高质量发展的重要支撑。

2019年8月，华为FusionPlant与徐工信息汉云被国家工信部评为国家级工业互联网双跨（跨行业、跨领域）平台。

2019年9月华为全联接大会上，徐工信息汉云携手华为鲲鹏计算发布了工业互联网解决方案。华为为徐工信息汉云提供5G连接、AI智能、鲲鹏计算以及ROMA集成等关键能力，把各个行业的知识在平台的层面更好地协同起来，在算力、算据对象上面变成服务化接口。徐工集团在面向企业应用侧为华为提供更贴近业务的行业 know-how 能力以及应用聚合能力，构建行业知识作为核心要素的平台，并把知识包成服务化接口。

"可以想象整个社会经济体系是一个轮毂密集的轮子；每个轮毂代表着一个正在平台化的行业，每一个行业里面由数据到知识的数字化再生产，都是在其平台上面快速构建并应用的，从而形成经济效能更高的价值闭环范式；多行业的协同将使经济体系在产业分工基础上获得更高效的协同增量，而这协同的基础是多行业平台之间的协同，就如同各轮毂之间的有效协作才能使整个轮子运转更为顺畅。"华为高级副总裁、数字转型首席战略官车海平打了一个形象的比喻。

车海平认为，未来各个行业都是被平台化的，每个行业的价值创造流程都是以行业知识为核心进行商业闭环的，用软件工具来表达它的知识和流程。企业作为市场主体，一定会通过复用、共享和协作来获得更高的经济性，而行业内的龙头企业，更是在公司内注重复用、共享和协作的同时，努力牵引和推进行业内可服务化生产要素的复用、共享和协同，从而成为平台化企业以构筑生态，并深索行业间的复用、共享和协作。

平台商业模式："一切皆服务"

"一切皆服务"（X as a Service，XaaS）是平台生态商业模式的典型特征之一。

这里要提到云计算的三种服务模式：基础设施即服务（Infrastructure as a Service，IaaS）、平台即服务（Platform as a Service，PaaS）、软件即服务（Software as a Service，SaaS）。这三种模式既相互区别又相互联系。从功能来看，IaaS 为用户提供基本的计算和存储能力，PaaS 和 SaaS 则在软件资源领域为用户提供相关能力，商业模式都是提供"服务"。

在"云+AI+5G"时代，许多行业都把所有产品作为服务来提供，便是适应了这种"一切皆服务"的趋势。

未来，任何一个企业都有可能成为服务型企业。"云+AI+5G"的进一步普及将企业传统的价值链进一步延伸到使用端，用户真正想要的是服务而不是产品，企业提供的是价值和成果而不是资产。因此，"一切皆服务"模式与传统的商业模式最大的区别是，在交付完成的那一刻，价值创造的过程才刚刚开始。

平台天生具备"一切皆服务"的特征，从底层到应用层构建起一整套系统，为行业提供广阔的应用空间，通过自身庞大的业务体系赋能各行各业。

传统产业特别是软件行业的"云化"是一个重要趋势——云平台成为获取软件、开发软件、聚合用户、服务用户的最佳途径，用户不再是购买软件包，而是把在云上开发的软件作为服务来加以利用。

随着数字化转型的深入，各大公司都在重点打造服务生态，从只关注交付和维护到咨询规划、交付实施、运营运维等新的服务形态，给客户提供无处不在的一致性服务体验。

平台商业模式：生态联盟

在平台商业模式中，生态是一个很重要的概念。

平台公司利用科技连接起生态系统中互动的人、机构和资源，创造出意想不到的价值并进行价值交换。因此，除了技术实力，在生态中，合作伙伴的数量也是一项非常关键的指标。它在一定程度上反映了公司对于合作伙伴的吸引力、提供更优联合解决方案的潜力及生态战略和策略的领先性。

2015年成立的南京小视科技是一家以计算机视觉为技术核心，在金融、营销、安防和零售等领域推出一体化智能服务方案的公司。2019年，小视科技和华为云联合推出了一个针对零售业的智慧连锁解决方案，通过人脸识别技术，实现会员身份检测和客户需求分析等功能，帮助零售店面进行辅助管理，提升服务质量。用户可以在华为云的严选商城找到小视科技的App。在华为云严选商城的商业模式中，华为云帮助其推广和销售。分成模式是90%归属严选伙伴，成交差价归属经销商，华为云在商品底价的基础上抽成10%作为管理成本。

实际上，对于公有云而言，生态体系中具有高影响力的战略级合作伙伴的多寡，也体现了它的生态体系健康程度的高低。如果把大公司的生态比作一棵树，那么，这些生态联盟的企业就像树上的枝干。大家连通起来合力营造一个生态圈，将更多的应用渗透到经济发展的各条脉络中。

未来的大公司仍然具有强烈的对市场的需要和渴望，但是公司与公司已经进入了一个协同竞争共存的世界——这个世界是一个混合体，是二者最佳特征按一定比例的融合，从而为相关各方的成功创造巨大潜力。

当竞争的主体从单独的企业变成不同的商业生态系统，公司之间互动的本质被改变了。竞争方式从单打独斗到集团战，再到生态系统的竞争。竞争空间的选择、识别与驾驭能力成为商业领袖的必备素质。企业战略不仅是要打造自身的竞争力，更重要的是打造一个生态系统，也就是一个数字经济共生体。

第三节　小公司硬核创新

著名管理学家吉姆·柯林斯（Jim Collins）在《从优秀到卓越》（*Good to Great*）一书中提出了"飞轮效应"（flywheel effect），"当你做事的方式可以使人们看得到并感觉得到动量在积累时，人们就会怀着极大的兴趣站在你身边支持你。"

实际上，组织的规模越小，越有能力机敏地适应变化的环境。

中小企业占到全球工商企业总数的近90%和雇员总数的50%，是全球经济的主力、经济稳定和市场发展的关键力量。

数字基础设施的完善，云技术的可获得性提高和计算成本缩减，正在对整个创业环境产生巨大影响。简单易用的下一代云服务，以及丰富的人工智能的场景，特别是5G全球网络，使得超级公司不会主宰一切……商业新物种们正在利用新世界呈现出的大量机会，最大程度地创造和创新。

硬核创业的四个特点

譬如开餐馆，好地段、好房子是基础设施，也要有原材料、好厨子和诱人的菜单。前者是云计算、AI、5G、IoT、大数据等技术要素，后者就是一个行业的必备要素，只有两者共同具备，才能推动整个社会迈入硬核创业的新时代。

目前，全国持有云服务经营许可的企业已经达到了589家，持有CDN业务经营许可的企业有406家，持有互联网数据中心业务经营许可的企业有2856家。云计算领域已经成为我国创业创新最活跃的领域之一。

根据官方披露的数据，截至2018年5月8日，全国人工智能企业数量达到4040家，其中获得过风险投资的公司达1237家。我国人工智能企业数量占全球人工智能企业数量近25%，人工智能专利申请数累计超过1.57万项，位列全球第二。人工智能创业加速商业落地，大量技术成果突破与创新发生在集聚顶尖算法人才的创业型企业。

5G 将广泛变革行业。各大投资机构透露称，平均每个月能看到数十个 5G 行业硬科技创新项目，具体细分赛道涉及各个领域。[○]有专家认为，5G 时代新应用的大爆发将出现在正式商用的一两年之后，2020 年将是 5G 场景落地的关键之年。

"云 +AI+5G 超级聚变"将带来小公司的"链式裂变"。

首先，创业者向千亿级以上的头部市场聚集。数目庞大的初创企业致力于物联网、人工智能、区块链、机器人与自动化等许多产业互联网的横向领域，还有医疗、石油与天然气、交通运输、政府及其他的纵向领域。在一些细分赛道可能孕育出许多"大鱼"，IT 及信息化、机械制造、集成电路等科技创业成为投资热点。

其次，to B 的企业服务领域是创业新蓝海。最受关注的创业者开始向企业服务领域倾斜。这类创业者一般有多年的行业经验，技术、销售、管理等综合能力都很强，他们的公司大多不是模式创新，也不为 C 端用户所熟知，但拥有把科技落地实业的硬实力，一般位居产业龙头，率先实现了规模营收可持续。未来 to B 的创业公司的数量将超过 to C。

再次，科技实力成为硬核创业的生命线。自 2018 年 9 月国务院发布"双创"升级版意见以来，减税降费、扩大开放、鼓励科技

○ http://baijiahao.baidu.com/s?id=1652226361354280164&wfr=spider&for=pc.

创新的政策频频发力。2019年7月22日，科创板的落地带动了一批科技创新企业成功上市，标志着科技创新类企业迎来了红利期。更多优秀科学家和掌握核心技术的科研人员成为创业企业的CEO。他们把学界的理论变成产业界的创业公司，再从产业界走向商界，把产业和商业进行结合。

最后，创业方向集中于做垂直应用。投资机构更关注指向的是落地（应用）的创业项目。这与之前做一个App或做一个网站、实现流量的创业思路完全不同。这一类的创业必须非常接地气，要深入到各行各业，开发深入垂直行业的应用或者研发需要应用于工业场景、产业场景的技术。未来的创业方向更加集中于做垂直应用。

接下来，我们从产业链和细分场景两个角度来看硬核创业的商业机会。

商业机会：to B 企业服务

云计算深刻改变了软件产业的格局。客户不是购买一个软件，而是购买软件持续提供的最新服务。所以，软件企业一定会转向SaaS和服务化。

云基础设施的完善、模块化/规范化的行业技术共同推动了SaaS市场的繁荣。中国企业级软件市场已经形成，企业级SaaS市场增速高于美国SaaS市场。2018年中国SaaS市场规模占应用软件的比例由2014年的6.0%上升到13.3%，软件SaaS化趋势不可逆转，预计 2021 年该比例将进一步增长至 24.0%。

数据显示，企业营业收入中用于 IT 支出的比例每上升万分之一，可释放超过 200 亿元的市场空间，随着企业的 IT 支出结构不断优化，应用软件的投入比例将持续上涨。考虑到中国企业信息化、智能化的巨大机遇，SaaS 的市场潜力远不止于当前的应用软件规模，未来的市场空间将非常可观。

在这样一个以应用为核心的时代，一味比拼功能覆盖的全面性并不能让 SaaS 厂商脱颖而出，SaaS 服务商需要专注于应用层面。当产品、销售和客户成功形成协同作用后，网络效应和增值服务往往能让 SaaS 厂商更有"钱景"，新的商业模式可能由此产生。

譬如，传统客户关系管理（CRM）行业在中国出现近 20 年。在作为部门效率工具，以管控为核心，以过程为驱动的 CRM 体系中，销售部门看似核心，实则只处于被动协同状态。在产业互联网和企业数字化转型的机遇下，数字化企业必然以客户为中心，涉及企业业务体系的重构，不仅是营销部门，而且包括市场、研发、服务、渠道部门，甚至财务、人力资源等支持部门都将以客户为中心。因此，连接型 CRM 被视为一个"超级入口"。在企业内部，连接型 CRM 将推动形成全新的组织架构和价值链、管理链，在企业外部，连接型 CRM 与客户、生态伙伴完全连接，并最终实现以订单为中心的交易流、以客户为中心的决策流、以人为中心的信息流。

这样的做法将有效实现企业互联，由一家上游厂商带来数十甚至上千家下游伙伴使用CRM，形成网络化获客效应。

不仅是CRM，越来越多的软件企业将逐渐摆脱小作坊式生产。谁先转变成云交付模式，谁就有可能在未来竞争当中取得优势。随着商业模式的创新，还有更多新型的企业级服务冒出来。企业应用SaaS的优先级不同，细分市场机会各异。业务垂直型SaaS与行业垂直型SaaS之间存在动态竞争关系，两者均需要更加关注行业性需求以做深解决方案。可以预见，SaaS厂商间的投资并购将更加频繁，领先厂商积极搭建PaaS开放平台，有望出现多强并存的SaaS生态体系。

曾经《财富》500强企业要达到10亿美元的估值平均需要20年时间。消费互联网时代，"全球最快IPO"企业创业一年半即上市。但在产业互联网时代，做企业服务的创业者可能需要一个更长周期的计划。

好消息是，大趋势是一家独大的现象会淡化。但是，to B的创业公司也要做好创业10到15年的周期计划。

商业机会：应用场景

云计算向行业领域的垂直发展是一个重要的创业方向。由于行业领域的空间比较大，所以相关的市场规模也比较大。相比IaaS市场的格局基本确定，SaaS市场的格局更为开放，成长空间也更大。未来几年，国内市场上将出现更多的SaaS服务商，并且从过去的通用型 SaaS 转向行业型 SaaS。

行业型 SaaS 需要具备一定的行业经验，能够解决一些行业痛点，或者为行业提供更强大的资源整合能力，技术产品要离场景、客户更近，要对行业和生意本质有深刻的洞察。

譬如，赛摩电气原来是一家做散料工厂产品的传统制造业企业，2015 年上市以后通过并购，转变为一个整体解决方案制造商。中小制造企业的痛点和需求是通过业务上云实现信息化，提高企业的管理效率，通过制造能力上云实现区域行业资源共享，从而优化企业的供应链，降低采购成本，提高企业内部运营效率。赛摩电气将多年的制造信息化经验打造成 SaaS 应用搬上了工业互联网平台，利用工业机器人及各种工业生产线自主核心技术，涉足多个领域。

除了云计算，"云+AI+5G"等与丰富应用场景结合，真正引发新商业裂变，打开百亿甚至千亿元的新产业空间。

关注人工智能和细分场景结合。技术立身的 AI 独角兽和创业公司开始扎入不同垂直领域。现阶段，人工智能与传统产业融合初期多集中数据量丰富、市场空间大、行业痛点多（场景丰富）的领域，如金融、教育、交通、医疗等。自动驾驶技术与不同场景融合，产生了不同的商业价值，催生出大量创业企业，比如专注于长途物流的图森未来、专注于农业种植的中创博远、专注于矿场运输的主线科技、专注于交通出行的小马智行、专注于环卫清洁的仙途智能等。

更多的商业机会在于人工智能技术与更加细分的应用场景结合，包括医疗设备、审计、电商销售、会话机器人、人力资源管理、物流供应链、网络安全等。比如有一家用 AI 技术做手持超声设备的公司，自主研发的智能测量设备是目前全球最小最轻的，成本只有大型超声设备的 1/20，而且性能能够媲美大型超声设备，还围绕超声设备推出了 AI 测量病情以及医生社区筛查服务，主要商业模式是出售设备和筛查服务。

关注 5G 时代的大数据技术应用。5G 技术实现万物互联，以智能工厂为代表的生产系统将能够随时随地感知零部件、设备、产品的位置和状态。数据成为很多企业的心脏，数据运营将渗透到所有企业运营的核心。精细化数据运营的需求影响着越来越多的传统行业。到 2023 年，几乎所有企业都将在日益数字化的全球经济中成为"数字化原生企业"。数字化原生企业具备五大特征：数字化产品、数字化服务、打通各种数据的能力、分析和挖掘数据的能力、将数据转换为价值的能力。因此，大数据创业依然是一片蓝海。

关注云上 XR（扩展现实）技术应用。在技术深度融合的大背景下，将 VR、AR、MR[一]等诸多人们熟悉的视觉交互技术融合在一起，实现虚拟世界与现实世界之间的无缝转换，更具包容性的 XR 横空出世。5G 正在推动 XR 产业迎来大规模的复苏和复兴，5G+ 物联网使得设备无线控制与通信、物流追踪、低延迟的工业 AI 与灵敏的云上 AR/MR 结合应用成为可能。

[一] MR，混合现实。

目前，中国 VR 产业研发制造体系基本形成，生产了全球 70% 以上的高端头戴式 VR 终端，具有较为完备的设计制造能力，同时用户体验大幅改善，分辨率 4K 的 VR 头盔等新产品不断涌现，舒适度、分辨率、交互性显著提升。2021 年中国 VR/AR 市场规模将达 544.5 亿元，年均增长率为 95.2%。

在农业领域，用 VR 技术来进行养殖，通过"5G+VR 全景监控"，技术人员就可以近距离观测每栋栏舍的牲畜生长情况，实时下达工作指令，提高了生产效率，还可以防止病毒被带入养殖场区。在制造领域，工人戴上 AR 眼镜可以把汽车的装配效率提高 40% 以上，出错率降低 72%。通过"5G+VR 智慧矿山"系统，技术人员可远程操控 130 公里之外的推土机。在交通领域，VR 训练系统能够使高铁司机身临其境开展模拟行车训练。

关注生物识别技术应用。据市场研究公司 MarketsandMarkets 的预测，全球生物识别市场规模已经达到 168 亿美元，预计 2023 年将增长至 418 亿美元，仅语音生物识别这一细分市场规模就将近百亿美元。生物识别技术在车联网等诸多智能产业中具有巨大潜力。⊖ 一份数据显示，到 2025 年，全球 1/3 新车将配备生物识别传感器。"指纹认证系统"不仅可以用于开启车门、启动车辆，还可以登记多个驾驶员的指纹信息，车辆可以根据这些信息进行个性化设置，包括自动调整驾驶员座椅位置及后视镜角度、控制温度与湿度、调

⊖ 参见 Frost&Sullivan 的智能移动团队发布的报告《2016—2025 年全球汽车行业生物识别技术》。

整方向盘等。

关注金融科技应用。2021年,我国金融SaaS的市场规模将达到267～315亿元,比2017年接近翻番。如成立于2006年的玖富数科集团,是一家以人工智能技术驱动的数字科技企业,依托13年的数字技术沉淀和生态链整合,打造了以玖富金融云、玖富超级数字钱包、玖富超级大脑为核心的"三位一体"科技赋能模式,向场景合作伙伴全面提供智能化、模块化、即插即用型的高性能数字科技解决方案,助力其快速切入数字金融领域,提升流量变现、用户留存和精准转化能力。玖富数科还连接金融机构,向其推荐优质互联网消费场景及用户,助力金融机构和场景伙伴成为3A(Account、AI、API)智慧数字企业。玖富数科集团借助华为云的技术体系与底层算力,打造了智能化的SaaS生态体系,基于玖富超级大脑海外版的相应功能模块,向资金方、场景方全面输出智能风控、账户认证等数字技术,将对外全面输出优势技术资源。

商业机会:连接+协同

随着数字经济向纵深发展,未来商业机会在于连接+协同。

一方面,对于数字经济而言,连接至关重要。

在"链式裂变"的过程中,只有更多连接才有规模。这些连接包括人与人的连接、人与物的连接、物与物的连接。那种需要拥有生产资料才能控制商业的思维方式已经过时了。在所有连接中,处于关键路径上绕不过去的那个节点最有价值。

IDC中国副总裁兼首席分析师武连峰指出，数字化转型2.0时代的核心，是加速实现规模化创新。哪家企业能够使自己的创新速度更快、规模更大，哪家企业就更有可能成功。领导力、用户体验、市场洞察、运营弹性、工作模式五个规模化，是未来企业的重要特征。

另一方面，协同对于数字经济也是至关重要的。

大公司的协同平台必须具备简单、安全、多语言、供方中立、可移动性、跨平台和价廉物美等特点。通过这些平台，连同平台提供的所有工具和技术，在成本和能力要求方面，中小企业能够与大公司一样做到"物美价廉"。只有这样，才能真正实现不同商业组织间的协同。

通过协同，大公司、中小企业以平台为基础形成链条，让高效的技术平台和技术人才资源有的放矢。大公司通过生态上的中小企业，可以掌握行业一线数据。中小企业可发挥"探针"或"传感器"的作用，在一些大公司尚未涉足或参与不多的行业及领域为大公司提供第一手的信息，让其了解到这些领域正在发生的变革。

在协同时代，大公司和小公司同样面临挑战。超级平台和行业平台的挑战是，如何把垂直领域的各种资源（技术资源、技术平台的资源、市场资源、投资的资源等）匹配给生态中的中小企业。中小企业的挑战是，如何聚焦垂直领域专业化，在生态体系中找到自己的位置——找到新技术和自己产业的关系，通过科技与业务的融合创新，让云计算、AI、5G等前沿技术，在企业核心竞争力上得到绽放，最终实现新维度上的强者更强。

以云服务市场为例。这个市场的生态角色的类型非常丰富，从纵向来看，可以分为IaaS、PaaS、SaaS等；从横向来看，可以分为云设备提供商、云软件提供商、云服务运营商、云服务部署商、云应用开发商、云服务转售商等。[⊖]

IaaS、PaaS是所有云服务的基础，也是SaaS的赋能者。因此，选择一个稳定、可靠、中立的基础云服务商，对于SaaS开发者尤其重要。SaaS服务商更倾向于与这样的基础云服务商合作：有明确的业务边界，专注于自身业务领域，保持中立，真心构建生态。不同类型的企业通过相互合作服务好客户。

大连拇指云科技有限公司是一家以生产精品软件为主的IT公司，在工程软件、办公自动化、企业信息化、电子政务、云平台建设等领域有着核心技术优势，但是在项目管理方面，资产复用率非常低，自建工具自动化平台成本高，技术人员水平参差不齐。借助华为的多维度看板，公司管理者可以直观地看到所有项目的状态。把代码托管到云端Git后，保证了代码的安全性，减少了搭建维护仓库的成本，提升了项目资产复用率。在部署了华为云服务器后，企业便拥有了稳定安全的运行环境，减少了产品后期运维成本，并

⊖ 其他生态角色对于整个云服务市场也必不可少。

且大大提高了软件交付速度，提升了软件质量。

如今，企业思维方式已经完全不一样了。那些理所当然的、常规的和习惯的优势，已经彻底失效了。未来企业一定会发展成大规模用户的企业，更多强调企业的用户数甚至连接的设备数。当然，更重要的是连接生态的规模。

大公司正在自己高筑的"瞭望塔"上观察，小公司从具体的商业场景切入进行商业实验。在多样化的数字经济的任何一个角落，都有可能冒出新的公司和新的商业模式，并生存下来。那些善于与大公司协同，既懂商业又懂产业又懂IT的公司，迎来了最好的时代。

第四节　跨产业的迭代升级

数字经济已经成为重塑经济发展模式的主导力量。

国家信息中心首席信息师张新红博士认为，数字经济"重新定义一切"，当把数字经济作为一种新思维时，可以泛化到各个行业。新语境、新技术、新规则、新范式、新影响、新巨头、新动能、新挑战、新机遇、新机制等，任何东西都或多或少受到数字经济的影响。

新的数字经济打破了传统部门经济的概念。它包含两大类：一是与数字技术直接相关的特定产业部门，可以叫作数字部门或数字产业化，如ICT产业。二是其他传统行业融入数字元素（信息要素，ICT）后的新型经济形态，即产业数字化。

借助 ICT 技术，一个更加开放、灵活的新生态系统诞生了。这个系统首先要能创造新的价值，要具有灵活动态的特征，还要支持多领域的开放、简单和高效。一些垂直、细分行业，具有特定化、场景化的需求的领域将会成为产业创新的富集地。原有产业形态将转型升级或逐步退出市场，产业边界的扩张和交融催生新的业态和产业体系，基于新技术、新模式的新兴产业将不断出现，成为新的热点和增长点，这将进一步匹配并促进消费端的提升，最终带动整体经济加速发展。

如果我们运用产业智能的新逻辑来分析工业互联网、车联网和智能电网，可以看出，新的技术经济范式正在加速形成，即"原有产业 + 智能技术 = 新产业"。

产业智能的新逻辑

在数字经济新时代的"链式裂变"中，产业智能的表现是什么？

首先，数据成为企业最主要的资产，也是最关键的生产要素。数据在云上汇集，形成规模优势，将服务产品和消费过程的边际成本降到最低。在物联网的环境下，企业将实时数据流放在云平台环境中，会催化出无限可能的价值空间。因此，产业互联网的数据深度是系统级的，供应链各方的系统数据全部接入，将进一步发挥协同的价值。

其次，ICT 技术已经成为数字化底座（数字基础设施）。ICT 技术与生物技术、新能源技术、新材料技术等多学科深度交叉融合，与汽车、能源、物流、金融、医疗等行业结合，成为推动社会生产新变革，创造人类生活新空间的重要驱动力量。ICT 产业正在从一个垂直行业演变成全社会的平台性产业，使能各行各业的数字化、智能化转型。

最后，智联网是未来产业发展的必然趋势。正如邬贺铨院士所说，5G 推动下的智联网可以覆盖企业设计、采购、生产、物流、交付全供应链，贯通商流、物流、资金流、信息流，带来整个供应链的智能化升级及效率提升，进而实现产业的智能化升级。

那么，产业智能阶段有哪些新的逻辑呢？

首先，价值创造的逻辑变了。工业时代，单向组织模式的产业链存在着不可逾越的一些问题，如上下游信息不对称，用户服务渠道主要掌握在产业链末端，越是上游的角色，为最终用户提供知识服务的成本越高。但在以云平台为核心的工业互联网体系中，整个价值链上的各个环节直接面向用户，新型产业链关系，不再是单单制造一个产品，而是结合整个产业链上的知识为最终用户提供增值服务，通过提供服务的方式参与到用户的使用场景中，共创生态融合的分享型价值链关系。

其次，算法在产业资源调度中起到核心作用。把 AI 作为通用技术工具叠加在公司既有的业务上，赋能原有业务以提升效率、降低成本，同时从内部实现对产业资源匹配、管理决策、产业组织方式等的解构与重塑。

最后，多边经济模式成为主流。未来的平台（或者现在已经构建的很多平台）是多边经济的模式。客户、分包商、合作商、供应商等利益相关方构成的灵活生态系统，既能共担风险，又能创造跨行业的集成产品和服务组合，实现个性化成果。传统企业和新经济都在关注如何通过平台的方式产生更多的协同、更开放的网络。

未来将会形成一个多行业、多主体甚至自然人个体都会进行广泛协作的新体系。竞争中领跑的是那些核心竞争力突出，变革行动迅速，同时又具有稳定的系统能力的平台型公司。企业可以从现有利益相关方入手，发现客户的客户、供应商的供应商、利益相关方的利益相关方，从而拓宽价值发现视野。

这意味着，企业不仅要清楚自己的商业模式，还要理解利益相关方的商业模式，理解自己在别人商业模式中的角色或作用。唯有做到这样的颗粒度，才能真正实现对利益相关方的需求洞察。只有脱离具体的生态系统或企业，才能进入价值创造逻辑的抽象层面，展开商业本质的思考。

在这样的商业逻辑下，传统产业如何实现变革？

在传统的商业系统中拥有很多沉睡资源。从数字经济通往智能经济，首先要唤醒这些"沉睡"价值。

有报告显示，到 2025 年，数字技术能为全球各类企业创造 100 万亿美元的价值，超过 2018 年全球 GDP 总和。如果分开来看，仅汽车、消费品、能源和物流四大行业，就能带来 20 万亿美元的"沉睡"价值。单是发电行业就能从数字化转型中解锁超过 1.3 万亿美元的价值，并在 2016～2025 年创造 1.7 万亿美元的社会价值。对能源生产和消费进行数字化微观管理，大幅度提高管理的分散化和灵活度，有助于降低排放量，能源行业的数字化将在未来 10 年间为社会创造 2 万多亿美元的价值。

不同产业的数字化水平相差很大，但目前已逐渐形成共识：数字化是基础，创建了独立于实体世界的数字世界；在数字化的基础上再网络化，扩大数字世界的疆域和纵深；在数字化、网络化的基础上进行智能化，实现数字世界与实体世界的深度融合。

随着企业上云率不断提升，通过云计算挖掘数据价值，将企业 IT 基础架构向云迁移已经成为主流。企业上云正逐渐深挖，从支撑系统到业务系统，以增量带存量，呈现出全局优化的特征。上云的行业和主体变得更加多元，从互联网公司到交通物流、金融、制造、政府等领域，都在走向云端。

每个产业都在经历从供给导向向需求导向的转变，客户端的价值作为整个产业链的核心，包括个性化的定制、分布式管理、双向互动、生态系统等，对供给侧的"+智能"提出了更高的要求。

每个产业的流程都发生了根本性变革，每个环节都在进行智能化升级，研发、生产、销售都变得更加精细，原来混沌的环节变得更有条理。各行业都在经历服务化的转型，服务在产业中占的比重越来越大。

在万物互联时代，每个产业要在更大的生态系统层面定义，产业重构与组合，从产业链到价值链的转变，各参与方、各产业链都可以在一个平台上协作，互感互知，促进了产业链的高效整合。

新产业机会：工业互联网

工业互联网是物联网应用层的一个分支。它的本质是制造技术与信息技术融合的产物，即通过开放的、全球化的通信网络平台，把设备、生产线、员工、工厂、仓库、供应商、产品和客户紧密地连接起来，共享工业生产全流程的各种要素资源，使其数字化、网络化、自动化、智能化，从而实现效率提升和成本降低。

工业互联网是第四次工业革命的关键支撑。2012年，美国通用电气公司提出"工业互联网"概念。传感器、大数据、云计算、人工智能、物联网等技术的快速发展和成熟，为工业互联网的发展提供了技术条件。

工业互联网是5G等新一代信息通信技术演进升级的重要方向。5G与工业互联网的深度融合，加速全要素、全产业链、全价值链的全面连接，促进制造业数字化、网络化、智能化升级，推动经济高质量发展。工业和信息化部印发的《"5G+工业互联网"512工程推进方案》明确表示，到 2022 年，将突破一批面向工业互联网特定需求的 5G 关键技术。"512"工程，即完成五大类 12 项工业互联网重点工程，全力推动 5G 与工业互联网融合创新。

工业互联网还是实现经济社会数字化转型的重要力量。据安信证券计算，工业互联网在工业领域提升 1% 的效率相当于给我国带来 2980 亿元的经济增值。中国是全球制造业和产业发展的大国，但仍处于全球产业链的中低端，整体竞争力偏弱，大而不强。中国在工业领域已经积累了巨大的工业产品存量、工业基础设施和大量基本生产要素，各种需求都逐渐趋于饱和。随着中国工业化进程的深入以及全球新一轮科技革命和产业变革的兴起，中国工业企业需抓住工业互联网带来的转型机遇。

工业互联网的应用场景极为丰富，市场将突破万亿元。中国工业互联网企业在赋能智慧城市、智能交通、政府管理方面的前景巨大，市场规模有望达到万亿元。数据显示，2018 年中国工业互联网市场规模达到 5318 亿元，预计到 2020 年将达到近 7000 亿元。到 2023 年，中国工业互联网行业市场规模将会突破万亿元，2024 年将达到 12 500 亿元的水平。

美国通用电气提出，"工业互联网，就是把人、数据和机器连接起来。"未来几十年，全世界将会安装 100 万亿个相关的传感器或摄像头，把整个世界真正联系在一起。很多物体包括家用电器通过很多传感器集中在网上，随时上传和下载数据。随着数据采集技术的升级，节点产生的数据有了"生命"，所有节点形成一个系统，类似一个更强大和完整的"生命体"。

工业互联网就是让数据"流动"起来，这些大数据就是一座超级大金矿。5G通信技术可以帮助无数孤立的节点交换数据、共享数据；这些数据流会到达云端，借助云计算、大数据等技术，可以对所有流程的数据进行存储和分析，挖掘其中的数据价值，同时可以打通数据，释放新的价值。

工业互联网推动了传统工业的管理向智能化升级。企业只有上云才有强大的运算能力、存储能力和网络带宽，能够对这么庞大的系统进行管理；只有通过云计算，才能让更多的企业员工及管理者接入，去使用工业互联网，也能够让开发者有更大的空间，去设计更好的应用；通过云计算还可以为企业与企业之间、工厂与供应链之间、工厂与经销商之间，甚至工厂与最终消费者之间提供接口，进行指定数据的共享。

把人工智能引入制造实际上是让AI作为"代理人"来管理工厂，包括整个制造生产流程，甚至采购、物流和销售流程。随着人工智能不断演进，工业互联网将会实现工况自感知、工艺自学习、装备自执行、系统自组织。这就是智能制造的最高境界。

工业互联网被称为"工业技术革命"和"信息通信技术革命"相结合的产物，以工业（特别是制造业）技术和ICT技术融合为标志。

邬贺铨院士认为，与互联网发展的上半场即消费互联网不同，工业互联网场景下的企业生产网络通常不需要全球联网，企业内网连接设备的多样性使标准化难度较大，企业对工业互联网需求是个性化的。工业互联网门槛高，其涉及的生产设备类型非常多、业务链条长、服务模型复杂，需要技术解决方案持续服务。工业企业对快速响应、可靠性和安全性要求高，对投资回报有较高关注，对既了解信息技术又熟悉企业流程的人才有迫切需求。

ICT技术蓬勃发展，逐渐融入以机、电、工业自动化等为核心的传统工业基础设施架构，构建起工业互联网新型基础设施，帮助电力、煤炭、汽车、钢铁等各行业实现提质降本增效。

ICT技术还全面推动制造业与服务业的融合创新，使得生产中的许多服务环节从物质生产流程中分离出来，形成值得关注的生产性服务业，导致生产结构发生了重大变革。由专业机构从事的生产性服务业，根本性地改变了传统的生产流程、管理方式、劳资关系，并导致产业链的重构。

ICT技术发展使多领域、多产业的跨界智能化渗透趋势越来越强，出现"制造业+物联网"的融合新模式。未来十年或将形成终端需求（定制需求）、智能产品、智能工厂、智能物流的完整链条，实现大规模生产向个性化定制转型、生产型制造向服务型制造转型和要素驱动向创新驱动转型，完成信息化和工业化深度融合。

新产业机会：车联网

车联网是未来交通出行变革的终极答案。它的核心是把汽车核心环节打通，把交通工具变为出行平台，通过 OS 系统中台，完成对云计算、AI、硬件和应用等技术能力的串联，实现硬件、软件、云端的整合。

让我们从新产业的角度来看一下，今天车联网为什么迎来了大爆发。

首先，车联网是新一轮技术革命和产业变革交互融合形成的新技术形态。

芯片、无人驾驶、5G、V2X、云、图像 AI、语音 AI、支付、生态、手机、路网建设等车联网核心技术的溢出效应爆发。特别是 5G 商用解决了车联网很大的挑战，车和人、车和车、车和路的关系都通过传感器实时收集处理，有的在云端处理，有的在边缘处理，由智能操控系统实时给出解决方案。根据咨询公司 Gartner 的报告，2023 年，汽车业将成为 5G 物联网解决方案最大的市场商机，占比达到 53%。

其次，车联网是汽车、电子、信息通信、交通运输、城市管理等行业深度融合的新型产业形态，跨领域，多学科，产业链长，关联度大，新技术强度高。

2019 年 9 月，中共中央、国务院印发《交通强国建设纲要》，明确提出加强智能网联汽车（智能汽车、自动驾驶、车路协同）研发，提升城市交通基础设施智能化水平。未来，智能出行的新生态MaaS（Mobility as a Service，出行即服务）将会不断拓展。要实现MaaS至少应具备两方面的技术：一是获取大量交通数据和人们的移动需求数据并进行对接的觉察及解析技术；二是应对公共交通工具驾驶员短缺的自动驾驶技术。

最后，车联网产业链模式也产生了较大变化，各个参与主体在不断博弈融合。

汽车行业正在经历混沌的重塑过程，整车厂正在进行制造、零售、服务等环节的转型，零售、金融、保险、能源企业也在加入这个过程。传统的车联网产业链模式以整车企业为主导，但是，现在多数的整车企业选择开放车联网系统，积极联合互联网，和网络通信商共同开发。以自动驾驶为例，各家车企并非各自追求最佳化，而是与通信行业联手推进其目标，连以往相互竞争的运营商也必须联手。

新的车联网的商业模式主要体现在车联网系统。车联网系统是通过在车辆安装车载终端设备，收集汽车动静态信息，并通过云计算平台处理信息，进行车况监管和提供出行增值服务，实现车与车、车与人、车与交通设施等互相连接的系统。典型的车联网系统由车载及移动端软硬件、车联网云平台、第三方服务三部分构成。

车联网云平台是车联网系统中最重要的部分，云平台集成了云存储、大数据运营、呼叫中心、网关、OTA等模块，是车联网系统的关键枢纽：通过云平台大数据分析，可不断改进车联网系统功能，改善用户体验；云平台的架构保证第三方服务内容可更替优化，提升服务质量；数据网关、支付网关等可拦截有害信息，保证数据安全；云平台统一的数据输出，可有效保证第三方服务HMI界面、使用体验的一致性；通过云端ID账号体系，可实现"一云多屏"，使用户在车载端和移动端都能获得完整的服务体验。

车载及移动端软硬件是用户与车联网服务的直接接触点，决定了用户体验的好坏。车载硬件也是实现车辆远程控制、远程通信的基础。车载软件的HMI设计则是体现车辆品牌特征的重要途径。第三方服务多为地图、天气、停车、加油、社交等出行服务，商业前景广阔，如高精度地图有望成为车联网的刚需性服务。除此之外，车联网可以提供自动驾驶、安全出行、高效出行、交通管理、商业营运、后服务等多种应用。

未来，自动驾驶发展到无人驾驶阶段，更多的跨界将带来商业模式创新。

譬如，未来一些制作高清地图的公司，可能会收费来把企业标注为地图上的"地标推荐"，或将引发零售行业的巨大变革。

譬如，未来形状多样、大小各异的自动运输车会把货物快递给消费者，由高效的无人驾驶运输车辆组成的网络可以使小企业开出极具竞争力的价格。

譬如，基于微观的个人驾驶行为数据、宏观的交通数据等，将产生大量面向主机厂、一级供应商、运营商、行业客户、政府管理者、普通消费者的增值服务等。

新产业机会：智能电网

智能电网是世界上最大的典型物联网，是能源互联网的基础支撑平台和资源配置中心，是实现能源互联、能源综合利用的纽带和核心。

智能电网建立在集成的、高速双向通信网络的基础上，通过先进的传感和测量技术、先进的设备、先进的控制方法以及先进的决策支持系统，实现电网的可靠、安全、经济、高效、环境友好和使用安全等目标。

智能电网的主要特征如下：系统自愈性，具有先进监测与控制设备，能够实现自动故障检测，对网络中突发情况做出反应，保证系统内正常的电力供应。兼容开放性，能够接纳各类型发电设备、储能设备的柔性接入，能够为集中式以及分布式可再生能源并网提供技术支撑。交互可视性，一方面用户能够直观地了解系统运行以及自身用能情况，从而更好地协调需求侧与供应侧资源互动优化；另一方面，信息的实时交互能够使系统与电力市场实现无缝对接，丰富电力市场的参与主体，更好地发挥市场在促进资源优化配置方面的作用。

智能电网带来的不只是单纯的技术问题，还涉及许多新的理念，对发电到最末端的用电都会带来最深刻的变化。它更像是一个推动者，催生新的技术和商业模式，实现产业革命。

智能电网是一个高度自动化和广泛分布能量的交换网络，它的最大特点是电力和信息的双向互动。为了实时地交换信息和设备层次上的动态平衡，智能电网把分布式计算和通信的优势引入电网，将一个集中式的、生产者控制的电网，转变成大量分布式的、与更多消费者互动的电网，包括实施峰谷电的差别电价等，使"电能"作为商品的市场价值得到合理的体现。

这里举两个典型的应用。

应用一：分布式电网。智能电网将安全、无缝地容许各种不同类型的发电和储能系统接入，各种不同容量的发电和储能设备在所有电压等级上都可以互联，包括分布式光伏发电、风电、先进的电池系统、即插式混合动力汽车和燃料电池，并且联网过程大大简化，"即插即用"，随时可以把电"传上去"，随时可以把电"取下来"。

比如，目前大多数电动汽车的能源流动是单向的，电能从供电端传送到用户端，为解决供需失衡的问题，储能变得至关重要。对于未来的消费者而言，电动汽车不仅是出行工具，而且是新型储能单元。按照一辆车 60～80 度电（电池容量）来计算，可以供一个普通家庭使用一周。如果未来电动汽车能接入电网，能源将变成双向流动，车主在使用低谷时充电，在不影响使用的前提下，可在用电高峰期向用户或电网供电，并且将获得一笔不小的收入。

应用二：大数据。在清洁能源领域，通过再生能源基础数据方面的建设，把传感器安装在电池板、风机上，检测设备运行状况，提升设备管理的精细化，这是最直接的效益。另外，因为清洁能源就地取材，量不可能特别大，本身稳定性也不会特别好，对电网的冲击很大。通过大数据分析成功预测天气之后，对能源输出可以有一个预判。电价不再是一成不变的了，它将会像股市一样既有确定性又有不确定性，是一种混沌的状态，仅对电价的预测就可以发展出庞大的交易市场。用资本市场的力量撬动可再生能源的快速发展，通过可再生能源数据平台，可以实现可再生能源资产管理的数据化，为可再生能源电站资产证券化打下基础。资产证券化可以实现可再生能源资产在市场上流动，投资人根据电厂收益情况进行自由投资，用资本的力量促进可再生能源的发展。

随着信息技术的不断发展，智能电网的内涵不断深化，从最早强调电网自动控制与保护，逐步发展到注重网络信息流的价值以及电网中能量流与信息流的整合。简单来讲，目前对智能电网的定义，就是将 ICT 技术、自动远程控制技术和先进的输配电基础设施高度集成而形成的新型电网结构。未来，能源互联网中的能源供应与输配网络，不仅要考虑电力网络的运行控制，还需要考虑其他能源网络的优化协同。智能电网需要为各类型能量单元提供具有高度兼容性的并网接口，从而更好地发挥在能源互联网中的资源配置中心和基础支撑平台作用。

2019 年年初，国家电网有限公司发布"三型两网"战略，使得"泛在电力物联网"这一概念大热。泛在电力物联网将提供物理基础,推动传统业务提质增效,并衍生新业务、新业态、新商业模式,这种新变化无一例外展现出"智能业务"的特征,核心就是数据和智能的驱动。

泛在电力物联网将通过广泛应用大数据、物联网、边缘计算、区块链等信息技术和智能技术,汇集各方面资源,提供充足有效的信息和数据支撑,其价值需要通过构建以数据为基础的持续反馈改进业务闭环来更好地挖掘和发挥。

泛在电力物联网衍生的"智能业务"将以能源流和数据流为基础,依托人工智能技术,推动业务流的持续改进,主要包括两类:第一类是智慧能源服务,以数字化管理提高能源效率,主要是对包括电力供应在内的能源服务业务进行智能优化;第二类是电力垂直领域的数字经济,以能源数据发掘新的增长点,主要是以用电数据、设备运行数据等为主要生产资料,产生新业务、新业态、新商业模式。

随着泛在电力物联网的发展,越来越多的人、物、机将接入这个系统,能源、数据和算力算法三类资源将深入融合,共同为各类新的"智能业务"构建物理基础。泛在电力物联网将与坚强智能电网共同发挥能源互联网基础设施的作用,服务经济社会高质量发展。

通过泛在电力物联网所汇集的海量数据,以专用智能分析技术为依托,能够为整个经济社会的发展提供全方位的"智能业务",

成为提高国家、行业和企业战略竞争力的重要支撑。

"云+AI+5G"彼此叠加、互相牵引、融合发展，将进一步加强物理世界与数字世界的互联互动互促，创造智能制造、智能网联车、智慧城市等潜力巨大的数字经济产业，让各行各业的智能革命到达前所未有的拐点，成为我国数字经济发展的重要引擎。现在可以说，智能升级万事俱备，只欠行动的东风。

第五节　地方经济数字红利

迈克尔·波特（Michael Porter）认为，"一个国家能够持续并且提高生产力的关键在于，它有资格成为一种先进产业或者重要产业环节的基地（home base）。"

在世界知识产权组织（WIPO）发布的2019年全球创新指数（GII）中，中国有18个科技集群步入百强，产业集群发展是创新指数之一。

北京大学城市与环境学院王缉慈教授认为，区域可以通过地方特色产业的独有声誉，吸引新的客户和生产者，由此促进专业知识（尤其是隐含经验类知识）的溢出和创新扩散，并激发创新的发生。

过去，地方经济强调的是区位优势；今天，地方经济强调的是创新优势。创新的关键是企业家精神（企业家能力），只要一个地方有企业家，只要有有利于创新的关系，那么这个地方就可以发展起来，就可以有创新。

重塑区域经济格局

2017年3月，数字经济首次写入中国政府工作报告，为数字经济发展开启新篇章。根据中国通信电信研究院数据，中国数字基础产业在2018年的产值接近1万亿美元。数字基础设施成为孵化数字经济的核心基础。

2019年，国家发展和改革委员会明确将加强新型基础设施建设，推进人工智能、工业互联网、物联网建设，加快5G商用步伐。2018年的中央经济工作会议首度提出"科技新基建"，并将"新型基础设施建设"列为2019年重点工作任务之一。

与传统基础设施相比，数字基础设施不仅具有公共性、共享性、泛在性等共性特征，更具有融合性、生态性、赋能性等独特性特征。从演变历程看，数字经济基础设施既包括宽带、无线网络等信息基础设施，也包括对传统基础设施的数字化转型和改造。从构成维度看，数字基础设施既包括数字网络基础设施（如大数据中心、物联网、云计算，智能终端）、应用基础设施（如工业互联网、车联网、无人机、无人驾驶、无人配送等）等硬性基础设施，也包括标准、规则、政策、法律法规、服务、互联互通等软性基础设施。[⊖]

新的数字基础设施包括三个特定的功能：连接、计算和交换，

⊖ http://baijiahao.baidu.com/s?id=1645790580566168430&wfr=spider&for=pc.

通过这些功能促进了网络、技术和实体的相互融合，标志着一种重大转变。特别是工业互联网、产业互联网等场景之下，产生新组织、新模式、新业态，产生新的工业和产业生态。

产业城市的机遇显而易见。"云+AI+5G"最喜欢的服务对象是城市，是产业基础丰厚的省市。这里有三点红利：一是规模红利。与省市合作，改造一家企业就等于改造了一个行业，规模效应明显。二是数据红利。产业智能时代，需要海量的数据燃料，只有按省市、行业逐个地去改造，才有可能生出更多的数据量，算法的智能才能实现。三是知识生产工具红利。在与城市合作建设智慧城市时，涉及的场景、业态十分多元，有可能创造出可以复用的新的知识生产工具。

从过去强调区位优势到今天强调创新优势，一个地方要有自己的愿景和使命，营造从企业创新到社会创新的"空气"。

譬如，具有"移民城市"典型特征的深圳，通过技术创新体系形成了产业创新的沃土。深圳从电子装配业起步，发展到集成电路、智能硬件、新型显示、云计算、大数据、人工智能、物联网、新一代移动通信等领域，通过跨界创新延伸到电子医疗器械、电子玩具、数字电视、数字音乐、无人机、基因测序、新能源、生物制药等领域，同时带动了服装、内衣、钟表、珠宝、家具等传统产业升级。在这些产业领域，企业的繁衍和产业的裂变非常频繁，一批创新集群出现。在深圳，企业之间的知识网络也非常发达，新的经济增长点不断涌现，跨越产业边界的技术创新频频发生。

又如，在上万亿级城市中GDP增速排名全国第一的成都，新经济活力指数位列全国第三。成都经历的不仅是一次制度的创新，更是一场发展理念、产业形态、组织方式的全新变革，塑造了后发优势。成都是全国第一个成立新经济发展委员会的城市，2019年3月，成都发布全国首份城市"机会清单"。成都借助城市群快速发展和区域协同发展，推动新经济产业发展，释放新经济产业的强大推动力，反过来促进城市群的成长壮大。以成都为核心支撑的成渝城市群、环成都经济圈正在加速崛起，成都提出的城市机会清单和场景应用发挥了重要作用。2019年创交会期间，成都联动其他20多个境内外城市，共同发布城市"机会清单"，并推出了公园城市、TOD综合开发等多个场景应用，就是要在更大范围内，让新经济企业找到合作的机会。

中国已经形成了以集聚效应和协同效应为导向的新型经济空间格局，包括"一带一路"和长江经济带两大重要的经济带，以及作为支点的十余个城市群，正在形成优势互补、高质量发展的区域经济。

新一代智能革命成为重塑区域经济发展格局的重要动力，对区域经济产生影响主要通过两种路径：

一是技术替代与空间压缩效应，即通过对劳动力的替代或者减少经济活动对地理实体空间的边际需求规模，进一步扩大经济活动的空间集聚规模效应，进而影响经济活动的空间布局。

举例来说，智能传感器作为人工智能核心的基础技术和产业链关键环节，是提升产业链控制力的重要抓手，一直是杭州重点招引和培育的产业。2019 年 10 月，杭州获批成为第一批全国新一代人工智能创新发展试验区 7 大城市之一。近年来，杭州市江干区聚焦人工智能、数字智造、高端设备制造等领域，推动产业深耕，逐步形成了扎实的产业基础和企业成长沃土。杭州引进培育了一批拥有行业领先水平的企业，计划依托一批行业领军企业，在智能驾驶、机器人、无人机、智能家居、航空航天航海、智慧医疗、智慧交通等领域全面布局，吸引产业链上下游企业加速集聚。

二是新技术创造的虚拟互联空间重塑地区间的关系，即通过互联网、区块链、云计算等技术在不同地区之间建立新的空间联系路径，实现生产、交易、管理、控制等供应链不同功能在不同空间实时、便捷地连接，从根本上改变要素流动与空间配置的路径，在地区间建立起一种基于全供应链的新型功能分工联系。⊖

2019 年年初，国家发展和改革委员会印发的《关于培育发展现代化都市圈的指导意见》明确提出，城市群是新型城镇化的主体形态；都市圈是城市群内部的核心。这一指导意见的发布，标志着中国区域发展正式从城市化为主导的高速发展阶段迈入以城市群为主导的高质量发展阶段。在区域发展模式切换的背后，其实是产城融合发展路径的切换。产城融合的层次不同决定着区域发展的效率不

⊖ 孙志燕. 新技术革命对中国区域经济的影响及政策建议 [J]. 中国经济报告，2019(1).

同。在城市群主导的高质量发展阶段，产城融合模式更加强调"以城育人、以人兴产"。其核心是将"人"作为引领，通过对人的需求的深度挖掘与精准服务，实现高端人才的聚集，进而通过人群的聚集带动产业和城市的协调发展。

无论是城市群还是经济带，目标都是实现跨区域协同。国务院发展研究中心发展战略和区域经济研究部研究员孙志燕认为，新一代技术进步对我国区域经济格局带来的影响主要有三个方面：

第一，基于供应链的功能分工成为区域经济发展格局重构的重要动力。地区之间传统的产业分工被功能分工代替，形成了更多类型的功能区域。规模越大的城市其功能就越多元化，而规模越小的城市其功能就越倾向于专业化。

以人工智能产业为例。人工智能发挥价值的核心是与实体经济融合，需要本地的场景与产业基础做支撑，为人工智能提供技术融合的载体与数据源。创新的力量是根植在本地的关系中的，每个地方可以基于本地的特色产业，吸引全国区域内的AI技术研发企业落地，在区域内进行技术迭代，优化技术的同时为区域传统产业智能化转型提供解法。

人工智能不是一线城市独大，二三四线城市也表现出巨大的市场潜力。如浙江省德清县获批成为全国县域首个国家新一代人工智能创新发展试验区，发挥其在自动驾驶、智能农业、县域智能治理等方面应用场景丰富的优势，健全智能化基础设施，以特色应用为牵引推进人工智能技术研发和成果转化应用，探索人工智能引领县域经济高质量发展、支撑乡村振兴战略的新模式。

新一代信息技术使得地理空间的范围大大拓展，在新的经济体系构造中，经济较落后地区通过合作、创新、集聚的办法，可以与发达地区同步，实现并跑，最后实现领跑。

第二，产业空间布局非连续、非连片的特征趋于显著。区域经济发展格局将由传统意义上的产业集群向非连续、多中心、分散式的网络化布局演变。

以制造业为例，过去制造业主要是区域集群为主的合作模式，组成较为单一封闭的供应链，采取大批量的单一生产方式。而新一代信息技术的应用把不同的制造商和供应商紧密联系起来，整合企业间的优势资源，满足个性化定制需求。网络制造、分布式制造、个性化定制和众包等新型的生产方式通过云平台、供应链整合和协同制造使不同环节的企业实现信息共享，并通过协同加强产业链的合作，使各环节集中发挥核心优势。

第三，区域一体化程度进一步提高。传统上依据规模层级而形成的城市体系将随着地区功能重组而逐渐演变成以"功能层级"为主体的体系结构，随着功能网络的拓展而不断延伸，区域一体化的程度亦随之提高。

当前我国人工智能产业主要集聚区为珠三角地区、长三角地区、京津冀地区、东北地区、中部地区和西部地区六大区域。这些地区纷纷出台人工智能产业鼓励政策，力争成立百亿规模的产业基金、千亿规模的产业集群以及未来的特色产业聚集区。随着技术与应用发展，跨区域、跨行业的功能网络的作用更加凸显。

2019年12月，中共中央、国务院印发了《长江三角洲区域一体化发展规划纲要》（以下简称《纲要》）。这份总计3万字的纲要，将未来长三角一体化发展的全景清晰地勾勒了出来。这个贡献了全国1/4左右的GDP，国土面积占全国总面积2.3%，拥有2.25亿人口的地区，是我国经济最活跃、开放程度最高、创新能力最强的区域。在《纲要》中，走"科创+产业"道路成为未来长三角经济增长的新动能，强调了加强大数据、云计算、区块链、物联网、人工智能、卫星导航等新技术研发应用的重要性。

在工业互联网方面，长三角作为我国重要的先进制造业基地，工业增加值占全国1/4以上，区域工业互联网平台建设正成为长三角产业合作的核心，成为长三角智能制造新的引擎。跨地域政策方面，2018年，长三角九地共同发布《G60科创走廊推进工业互联网协同发展实施方案》，九地通过制度对接、财政扶持、技术研发共同推进工业互联网发展。在新兴技术的助推下，长三角将成为下一代工业革命地理枢纽。

未来城市数字平台

乔尔·科特金（Joel Kotkin）曾在《全球城市史》一书中提出："人类最伟大的成就始终是她所缔造的城市。城市代表了我们作为一个物种具有想象力的恢宏巨作，证实我们具有以最深远而持久的方式重塑自然的能力。"

智慧城市的概念最早诞生于 2008 年。在智慧城市建设的最初阶段，虽然对数据进行了汇集，但并没有很好地实现数据共享，很多好的创意、想法和应用都无法落地。甚至有不少人认为，建立一个城市的信息化系统，买点服务器、存储器、交换机，再建立一个智慧网站，就是智慧城市。

今天，智慧城市的建设取得重大突破，原因在于云计算、AI、5G、物联网等新一代信息技术的聚合，打通了底层数据，在数据和应用驱动下，城市智慧式管理和运行成为可能。一方面是城市的数字化转型，让城市产业布局更加合理，传统产业按照新的产业形态要求升级；另一方面是数字治理能力提高，通过政府管理能力的转变和提升，共同实现城市的高质量发展。

未来的智能化城市是一个开放的数字平台，相当于人类的"大脑"，在这里所有数据可以进行交换，"云+AI+5G"打通了从大脑到中枢神经到神经末梢的神经系统。城市政府、智慧城市运营商、第三方服务创新者，是智慧城市发展的三大关键角色。

这样的智能化城市以感知、连接和计算三大能力为主线，通过基础设施的智能化升级，运用信息和通信技术手段感测、分析、整合城市运行核心系统的各项关键信息，从而对包括民生、环保、公共安全、城市服务、工商业活动在内的各种需求做出智能响应。

"中枢神经系统"包括物联网基础设施、云计算基础设施和地理空间基础设施等。数字经济与传统电网、政务网、智慧城市网等深度融合,形成了万物互联、泛在感知、空天一体的智能化综合信息基础设施,极大地提升了经济活动的网络化、数字化、智能化水平和运行效率,成为支撑经济发展不可或缺的重要基础设施。

基于云计算的各种应用和服务就像是"神经末梢",大带宽、低延迟、广覆盖的5G网络,有能力将大范围内的末端设备相互连接起来,提供大量、及时、准确的数据,而不断释放的移动应用和服务需求又反过来加速了云计算的发展。未来云计算不再是可选项,而是像水电一样不可或缺的必备基础。

数字政府是智慧城市的核心,只有数字政府项目落地了,才能真正推动未来智慧城市的全面发展,各路巨头纷纷抢占先机,为万亿级别的智慧城市项目铺路。

IDC预测,从2021年开始,中国政府ICT投资每年将超过2000亿元人民币。政府数字化建设的一个重要的趋势是,从原来采购IT软硬件进行本地部署,到越来越多地转向基于云计算架构的平台式部署。智慧城市依靠实时采集大量数据到云端平台,分发到各个政务服务平台进行处理,进而形成有效管理决策依据。从云计算应用来看,推动电子政务、政府网络采购、交通、医疗、旅游、商圈服务等政府公共服务的电商化、无线化、智慧化应用,以及传统工业、金融业、服务业的转型升级,可以催生带动一批本地创新创业企业发展,进而实现用户创新、开放创新、大众创新、协同创新为特征的可持续创新。

海通证券研究预计，未来中国智慧经济年均增速约 14%，而智慧城市在其中的贡献占比将达到 50%。以中国 GDP 年均增长率 6% 计算，截至 2025 年，智慧城市的贡献有望达到 3.9 万亿元人民币。㊀

中国是全球最大的智慧城市实施国，目前全球已启动或在建的 1000 余个智慧城市中，中国就占据了 700 余个，试点数量居全球首位。㊁仅 2018 年中国智慧城市的市场规模就已经达到了约 8 万亿元人民币，并且仍在以 32.64% 的年均复合增长率快速增长，至"十三五"末年，市场规模将达到 18.7 万亿元人民币。㊂

智慧城市考验的不仅是建设能力，更是运营能力。单纯地用技术解决问题，并不是城市真正需要的"智慧"，真正的城市智慧需要构建政、产、学、研、资、用的合作平台，全产业链共同参与，联合提供完整的业务能力，并通过"技术＋业务"双轮驱动。从技术角度理解业务需求，从业务角度理解哪些技术更适合业务的发展，真正推动智慧城市的发展，这才是智慧城市产业发展生态圈建立的题中之意。

在第 4 届全球人工智能与机器人峰会（CCF-GAIR 2019）智慧城市分论坛上，华为提出了"1+1+N"的智慧城市建设思路，即

㊀ https://tech.hqew.com/fangan_1872316.

㊁ http://www.sohu.com/a/224019729_115495.

㊂ http://m.sohu.com/a/283387551_99945412/.

"1个数字平台+1个智慧大脑+N个应用"：在智慧城市的数字空间中构建"1"个城市数字平台；同时，综合不同行业的数据和能力，构建所有智慧应用的"1"个中枢，这个中枢就是智慧大脑；而"N"指的则是各种智慧应用，即基于华为提供的城市数字平台这一新的数字基础设施构建丰富多彩的智慧应用。

这个理念的核心是城市数字平台。如果通过数字平台来重新定义智慧城市的数字基础设施，未来，在一个城市中只需要建设一个统一的数字基础设施即可。

例如在深圳市龙岗区，利用IOC系统的总体态势可一屏感知全区的总体运行状况，通过IOC大厅中的大屏幕纵览龙岗区的"7张图"，即"龙岗概况一张图、经济发展一张图、公共安全一张图、综合事件一张图、政务服务一张图、人居环境一张图和民生幸福一张图"，收录了龙岗区7个大类1600多个运行指标，实时反映了龙岗区各领域的运行状况。

又比如江西鹰潭这样一座小城，原本在省内不声不响。后来，借助数字孪生城市，鹰潭构筑了一套完善的物联网体系——"可看、可用、能思考"的物联大脑、高精度城市信息模型平台、全域5G+IoT智能网络覆盖。鹰潭市创建了214家物联网公司，2019年全市物联网产值预计突破400亿元。通过智能平台优化，当地铜产能提升15%，成本下降10%；数字化车间增至37个，智能化装备达435台，产生国家级智能制造企业2家、省级智能制造企业5家。

通过智慧交通平台，鹰潭还将全市544家企业的5133辆运输车辆统一管理，174辆校车实现位置跟踪及实时画面监控，保障交通出行安全。通过5G+远程医疗平台，鹰潭实现了县级以上医疗全覆盖。通过智能水表，鹰潭市漏损率降低至12%，每年节水240万吨。

2019年11月，鹰潭获得了"全球智慧城市数字化转型奖"。鹰潭的产业、经济和社会都得到了全面转型和快速发展，和江西其他城市形成了差异化的竞争。城市数字平台为孪生城市提供基础资源统筹能力，以城市场景为驱动，将AI作为引擎，聚合生态伙伴，形成了百花齐放的业务。

以云计算、AI、5G、物联网为代表的技术革新，将改变城市的治理与管理模式的结构，使城市管理、决策流程更加开放，用更以人为本的内核打造智慧城市新世界。

智慧城市要面向未来20年甚至50年。那些没有用上ICT技术的智慧城市迟早得上。智慧城市的最终目标，是为城市中的人创造更美好的生活，促进城市和谐、可持续成长。

让智能算力变得像电力一样

卡内基·梅隆大学机器学习系创始人、著名教科书《机器学习》作者汤姆·米切尔（Tom Mitchell）教授提出，未来人人都应该能够教授AI做自己想让AI做的事情。

这是赋能的便利性效益，生产工具和环境变了，交易变现也更高效了。普惠 AI 需要降低门槛，从 AI 的基础要素数据、算法、算力三个层面入手，智能算力变得像电力一样充裕且经济。

比如，华为云提出了"普惠 AI"的概念，让每家公司都"用得起、用得好、用得放心"，为社会提供"高（性能）而不贵"的普惠人工智能。

在 2018 年 10 月举行的华为全联接大会上，华为首发人工智能发展战略和解决方案，Atlas 人工智能计算平台系列为普惠 AI 树立了新的 AI 算力指标：更低的 AI 算力单位功耗和单位成本。一个 Atlas 模块基本相当于一台智能手机的价格，最有助于所有开发者普及。Atlas 模块基于统一的达芬奇架构，可以支持多种不同的 AI 芯片规格，天然覆盖了端、边、云的全场景部署的能力。

数字经济继续发展并走向成熟，引领其走向繁荣所必需的技能却处于短缺状态，智能产业的相关人才一直供不应求。

据统计，中国人工智能产业发展的人才缺口已经达到百万级，人才问题成为制约智能经济发展的关键因素。

基于技术和平台，大公司的人才培养变得更加开放。2015 年，华为首次发布了沃土计划，并逐步开源开放了自己的 CT 产品、IT 产品、云服务、昇腾 AI 计算能力、鲲鹏计算能力等；在全球建立了 21 个 OpenLab，开通了开发者社区、华为云学院；线下每个月都有城市峰会、技术沙龙、开发者大赛，每天都有华为技术认证和人才认证。如今有 130 万注册开发人员，有 14 000 多家企业开发者伙伴活跃在华为平台上。2019年9月，沃土计划升级，将继续投入15亿美元，使开发者的规模扩大到500万人，使能全球合作伙伴发展应用及解决方案。

在资本面前，成熟的知识生产工具有较大的话语权，从而实现更好的普惠。"AI for Good"理念，希望知识生产工具成为技术革命的红利，而不是新的技术鸿沟。能够在数字经济中生存下来的新公司，是那些拥有一系列垂直技能的新型综合体公司。在数字、注意力和协同经济中，只有那些有能力把与终端用户体验有关的一切整合在一起的公司才有可能成功。

我们正处在向智能时代跃进的一个临界点。伴随着新一代信息技术的融合和迅速发展，公司与产业发展的底层逻辑变革，区域经济和智慧城市呈现出崭新面貌，技术的普惠性从商业实践传递到社会进步的层面。

一切改变，正当时。

NEW
BUSINESS
LOGIC
—

每个时代都有自己的红利。有的人争取到了，一跃而起；有的人苟且眼前，错失良机；有的人浑浑噩噩，丝毫不觉。在"超级智联"时代，哪些人能够真正享有先行者红利？他们是如何发现这些红利的？

03

第三章

先行者红利

第一节　基因测序进入算力拐点

基因是我们最重要的遗传物质，在基因的排列过程中我们每个人都拥有约 30 亿对碱基。

这些碱基是我们每个人的"代码"，其和我们的身高、体重、头发颜色、眼睛大小等个体特征密切相关。正因如此，一直以来科学家们都希望能够破译这些代码，解读其中关于遗传和健康的信息，帮助预防和治疗疾病。

解析这些碱基并不是一件容易的事情。2008 年 1 月"国际千人基因组计划"启动，测序的总任务为 1200 个人，目的是要绘制迄今为止最详尽、最有医学应用价值的人类基因组遗传多态性图谱。总共有几十个国家投入了 3 亿多美元，耗时约 3 年时间才完成了这一计划。

导致这一周期这么长的主要原因，就在于基因序列非常长，另外测序仪还需要把这根很长的链条分成很多的小片段来做检测，之后再把每个片段的测序内容或者说碱基的排列情况组合起来。在这种检测的过程中，除了要涉及生物方法外，更主要的是要涉及数学的统计方法，将不可见的生物信息语言，转化为可见的文本信息语言，这需要大量的IT算力。

测序仪运行产生的原始数据并不能直接提供关于疾病的信息，测序企业需要依据生物信息学的方法，对海量的测序数据进行过滤、基因组比对、拼接和处理、数据分析等多个步骤，才能获得基因组上的变异信息，再结合遗传学、病理学等信息共同分析，最终才能转化为人们可理解的生物学数据，为疾病的诊疗提供参考和指导。依据现有测序技术的计算能力，每次单人全测序可能产生1.5T数据，传统IT算力针对这些数据分析和解读，每次计算至少需5天时间，对于临床应用而言，这个时间无疑太长了。

计算之后产生的数据如何存储也是基因测序行业的一个痛点。还是以"国际千人基因组计划"为例，一个样本的基因序列数据就有3个G的量，一般测序的时候需要测100层，相当于一个样本需要存储的数据高达300个G，1000个人就差不多300T了，这个数据量是非常庞大的，也是单个基因测序公司无法承受的。因此，整个行业急需低成本高可靠的介质做存储。

此外，随着基因测序近几年的快速发展，这个行业的分工越来越细，有的只做检测，有的只做分析，有的只做报告解读等。在这种分工合作的过程中,就会产生海量数据的交互。比如测序工厂在测序完成之后要将数据传给分析方做分析,分析方完成分析之后要将报告传给解读方等,保证这些数据及时传输,并且在传输过程中不发生丢包和泄露,也是亟待解决的问题。

基因测序行业里对数据处理、分析、存储、传输的技术门槛越来越高,这是整个行业发展的关键因素,也是企业的核心竞争力所在。在这样的背景下,行业里人工智能的呼声越来越高,"云化发展"也成为一种趋势,它可以免去传统测序企业自建数据中心的烦琐和高额成本,包括购置大型计算设备、存储设备以及日常维护等,在保证轻资产运营的同时实现测序数据的计算、存储和传输。

虽然基因测序是BT(biology technology,生物技术)的一种,但从诞生的那天起,它就和IT(information technology,信息技术)脱不开干系。

第一代基因测序技术产生于1977年,即至今广泛应用的Sanger测序法。应用这一技术,科学家完成了首次人类全基因的测序工作。第二代基因测序技术的进步主要体现在高效率与低成本。比方说,第一代测序技术一次只能测一个基因,第二代测序技术一次可以测几万个基因,不过读长①相对较短是第二代测序技术的主要瓶颈。为了突破这一瓶颈,科学家们发明了单分子的测序技术,

---

① 测序读长即测序得到的读段(reads)长度。在测序中,是把我们提取好的样品DNA随机打成小片段进行的,这些小片段就被称为读段,它们的长度就是读长。

也被称为第三代测序技术，特点是读取速度更快、成本更低。

第一代测序技术完成首个人类基因组图谱耗时3年，花费数十亿美元；第二代测序技术将一个人基因组测序的时间和费用降为1周以内和1000美元左右；第三代测序技术可以在24小时内完成，并有望将费用降至100美元左右。

第三代基因测序技术的读取速度虽然有了巨大的提升，但其所需要的计算资源也更多了，是第二代基因测序技术的几十倍，这是很多基因测序公司无法满足的。另外，基因测序是一项波动性很强的业务，旺季时对IT资源的需求量可能是淡季时的10倍以上。有些销售能力强的公司，在旺季时的业务增长达到百倍以上，这就要求企业的IT系统具有超高的弹性和可扩容性。

从2015年开始，基因测序突然成为风口，大量资金开始涌入，这个行业迎来了自己的快速发展期。但在2019年，行业的融资次数和融资规模都出现了明显的下降，一轮大的洗牌可能接踵而至。这个行业的企业要想在竞争中获得更大的发展，别无选择，只能拥抱云计算、人工智能等新一代信息技术，并将精力聚焦在自身的业务发展上。

经过这几年的发展，基因测序行业的竞争已经相对充分，各个企业提供的服务相对同质化，竞争的关键就在于能否以更快的速度为用户提供最终的测序结果。比如正常的测序、分析流程需要24个小时，如果一家企业能在10个小时以内得到结果，就能在竞争中获得巨大的优势。

武汉未来组生物科技有限公司（以下简称"武汉未来组"）是第三代基因测序领域里的龙头企业，从2011年起就专注于第三代基因测序技术，目前已经发展成为国内最大的第三代基因测序公司，拥有国内最全面的第三代检测仪器。如果按照业务峰值时的需求强度去建机房，不仅会给公司的资金链造成极大的压力，也会引发投资人的不满。对于基因测序公司来说，必须要有一个海量的计算资源或者说计算池，企业要么自建，要么租赁。武汉未来组一开始曾经考虑过从超算中心租赁计算资源，但经过考察发现，和超算中心相比，云计算提供的服务更多，除了计算、存储外，还有安全、大数据以及行业特有的容器（Docker）服务等。另外，超算中心在服务的能力、规格上也不占优势。最终，武汉未来组选择了公有云。将所有的数据迁移到公有云上之后，公有云服务器可以搭载基因测序专用算法，以最少的时间计算出结果。武汉未来组只需要从云服务商官网上点击购买即可，几秒钟之内算力就可以扩充到计算资源池里，这大大降低了计算成本和计算时间。在存储上，公有云平台基于分布式架构能够为武汉未来组提供可弹性扩展的块存储服务；在传输上，武汉未来组的测序仪产生的大量数据可以依靠专线、裸光纤网络进行共享，而且可实现数据的加密。

在上云之后，武汉未来组在IT方面的投入大幅减少，可以将更多的精力投入到自己擅长的生物科技领域的研究和创新。更重要的是，公司的测序效率得到了提升，在市场竞争力和行业影响力方面都得到了加强。

第二节　云游戏告别"内存危机"

游戏玩家经常遇到的一个最大的痛点就是"内存危机",但凡是好玩的、大制作的游戏都是吃内存的"老虎"。以近来火爆的"吃鸡"游戏《绝地求生》为例,这款游戏官方给出的最低配置是6G的内存,但实际上玩家的电脑内存如果不够8G,根本带不动这款游戏,再加上CPU、显卡等方面的要求,这款游戏的门槛其实比较高。

造成"内存危机"的根本原因是,我们现在的游戏,无论是电脑游戏、手机游戏还是在游戏主机上玩的游戏,都需要将游戏的核心程序下载到本地。运行程序后,无论是游戏画面的渲染还是游戏背后的计算,都是在本地的终端上进行的。玩家要想真正享受大制作游戏的乐趣,就必须购买高配置的电脑主机或游戏机,而这样的主机或游戏机动辄上万元,对于普通玩家来说太昂贵了,只有那些不缺钱的骨灰级玩家才会去买。就算玩家咬咬牙买下一台顶配的游戏电脑,他也无法带着这台游戏电脑在任意地方随意玩。

5G到来,云游戏成为主流之后,上述这些都不再成为问题。游戏画面的渲染和背后的计算都转移到云端进行,玩家只需要有一台电脑、手机或平板之类的终端,再将这台终端连上云端主机,接受从云端传来的数据就行了。从此,玩家不用再购买价格高昂的设备。而且,云游戏点开即玩,不需要下载和安装,提升了玩家的体验感。玩家可以在多平台之间无缝切换,彻底摆脱不同平台和终端的束缚，无论是电脑、手机、游戏机、电视，还是安卓、iOS 系统，都不再成为障碍。玩家在下班路上用苹果手机玩一款游戏，回到家后在装有安卓系统的智能电视上可以继续之前的进度。

云游戏并不是一个新概念，早在 2009 年，云游戏的探路者 OnLive 就在旧金山游戏开发者大会上推出了相关的产品。这款产品在当时不仅流畅运行了《孤岛危机》这样的 3A 级大作，还拉来不少主流游戏厂商为其提供内容支持。整个业界为之沸腾，有超过 10 万人报名参加了软件内测。但遗憾的是，这款产品最终还是因付费用户数量太少而不了了之。这之后云游戏一直不温不火，究其原因，主要是带宽的限制。

云游戏涉及海量数据在游戏终端和云端主机之间的传输，4G 时代的带宽很难支撑，也很难解决时延这一游戏体验的问题。而随着 5G 时代的到来，这些问题将迎刃而解。此外，云游戏对云计算的能力要求很高，玩家在游戏中有各种操作和互动，不是一般的云计算能够满足的，随着这几年云计算技术的进步，这类问题也得到了解决。

很多厂商已经开始了在云游戏方面的布局。比如微软在 2018 年就推出了其云游戏项目 xCloud，谷歌也推出了云游戏平台 Project Stream，并随后将其升级为 Stadia。亚马逊也传出正在构建云游戏服务，并在招聘相关人员。在国内，腾讯于 2019 年 2 月推出了基于 PC 和智能手机平台的云游戏服务"腾讯即玩"。据不完全统计，目前国内做云游戏的公司已经超过了 30 家。

云游戏时代正在加速到来，整个游戏行业的生态圈将会发生巨大的变化。那些游戏设备生产商可能会遇到较大的麻烦。因为云游戏使得游戏对设备的要求大大降低，很多游戏设备将变成鸡肋，尤其是索尼、任天堂这样的游戏主机生产商将会受到冲击，英伟达、AMD这样的显卡生产商也会受到影响。此外，云游戏会加剧游戏平台化趋势，云游戏平台未来可能会成为游戏发行的主要渠道，会对其他传统游戏发行渠道形成挤压。

不过，在云游戏时代，那些更专注、更有技术实力的游戏开发商将会迎来好时候。他们面对的主要是云端服务器，而不用面对不同的开发平台，这样就可以将主要精力用于游戏研发，省去了很多麻烦。与此同时，获取优质游戏的硬件门槛大大降低，玩家将会逐渐向精品化游戏集中，那些能够开发出精品游戏的游戏公司将会获得更大的发展。因此，未来国内云服务商、高品质游戏开发商和具备引进海外顶级游戏资质的公司将会从云游戏的兴起中受益。

4G时代催生了手游的繁荣，5G的到来一定会推动云游戏的崛起，超高带宽、超低延时等技术为云游戏扫清"最后一公里"的障碍。在5G和云的加持下，一个更加蓬勃、更有活力的云游戏产业将会为各方带来更大的商机。

最近几年，其实整个游戏行业一直处于"严冬"之中，其中一个最主要的原因，就在于互联网人口红利的消失，导致游戏行业的用户规模增长乏力。2018年国内游戏用户规模增长仅为7.3%，但这已经是近五年增长最多的一年。从2014年起，已经连续五年中国游戏用户规模增长率低于10%。虽然2018年的中国游戏用户规模增长率较2017年有所上升，但该规模几乎已经达到天花板。

在政策监管方面，游戏行业也面临越来越严峻的态势。国家新闻出版广电总局曾明确表示将"实施网络游戏总量调控，控制新增网络游戏上网运营数量，探索符合国情的适龄提示制度，采取措施限制未成年人使用时间"。网络游戏总量调控意味着未来游戏版号审核或将更加严格，这对国内游戏厂商来说并不算好消息。

此外，国内游戏市场固化也是各大游戏厂商需要继续面对的问题。目前国内游戏市场头部厂商占据绝大部分的市场份额，若是总量调控等监管政策落地，中小厂商在头部厂商面前将进一步失去竞争力。

就是在这样的形势下，2017年一款名为《三国志2017》的游戏异军突起，在竞争激烈的手游市场中，荣登多个大渠道排行榜SLG类游戏第一名，成为2017年最引人注目的爆款策略手游之一。这款手游的开发者四川天上友嘉网络科技有限公司（以下简称"天上友嘉"）就借助了华为云的技术，成为云计算在游戏行业应用的典范。

在页游时代，天上友嘉建设了自己的机房，投入大量专业技术人员去维护，维护成本提高，而工作效率变低。进入手游时代，在玩家激增的情况下，原有的机房架构很难快速弹性扩展，影响玩家体验，已经不能跟上时代和用户的需求了。云服务完全可以降低维护成本，并帮助游戏快速上线、扩展，所以天上友嘉对云的诉求非常强烈。《三国志2017》是一款大型的多人在线策略类手游，拥有竞技对抗等众多精彩游戏元素，游戏中万人同图竞技，需要IT资源快速变化，能够智能弹性伸缩，提供海量资源池满足业务激增，这要求高可靠的云服务器。

网络攻击是游戏行业的头号杀手。无论是大企业推出的手游还是小企业推出的手游，只要上线一定会遭受攻击，这已经是行业常态。游戏遭受严重攻击后，玩家数量常常会从几万人跌落到几百人。业务规模越大，突如其来的攻击越致命。

严格地说，《三国志2017》并不是一款真正的云游戏，还需要用户将安装包下载到本地终端进行安装（在目前5G还没有大规模商用的情况下，《三国志2017》应该是最接近云游戏的游戏之一），但在下载安装之后，整个游戏运行的后台数据处理就完全在华为云上进行了。

目前华为云单磁盘读写次数在业界处于领先水平，云服务器和网卡也完全能够满足游戏对服务器的苛刻要求。此外，华为云还提供了各类安全服务，既可以智能联动，又可以各个击破。智能联动是指方案中的服务安全态势都被汇总到大数据平台进行智能的关联分析，并动态调整安全防御策略；各个击破是指方案中的每个服务，都可独当一面，解决游戏安全中的某个具体问题。

最终，《三国志2017》依托华为云顺利开服，玩家数量稳定上升，有效保证了玩家体验，也因此荣登各大渠道排行榜SLG类游戏榜单前列。

第三节　从"傻大黑粗"到智慧煤炭

在我国的一次性能源消费中,煤炭所占的比例长期在70%左右,近年来虽然有所下滑,但也保持在了60%以上的水平。我国在能源生产方面,一直"富煤、缺油、少气",煤炭储量比石油和天然气储量要丰富得多,我国的煤炭开采量占到了全球的40%左右。相比之下,我国的石油、天然气资源储量有限,而且开采成本高;水电、核电受到诸多因素的限制,短期内很难有大的发展;太阳能、风能等新能源离能被成熟利用还有一段距离。总体看来,煤炭在我国的能源生产和消费结构中依然占据最重要的位置,这一点在今后很长一段时间里都不会改变。

煤炭被称为"工业的粮食",是整个国民经济体系中重要的支撑力量。在很多人的眼中,煤炭行业是一个"傻大黑粗"的夕阳产业,现在大家谈得更多的是太阳能、风能、页岩气等新能源,似乎煤炭很快就能被淘汰,但这其实是一种错觉。

大众对煤炭行业的另一个误解是觉得这个行业目前的行情很好。从2016年开始,煤炭价格确实迎来了一轮快速上涨,至今仍维持在比较高的水平上,一些煤炭企业盈利情况也不错,但这些只是表面现象,主要是由国家主导的煤炭行业去产能所导致的,整个行业的一些根本性的难题其实并没有被改变。

比如,煤炭行业严重依赖于下游行业,尤其是钢铁行业。但钢铁行业正处在去产能的过程中,整个行业的开工率不足,对煤炭的需求并不强劲。

与此同时，来自海外的进口煤越来越多，2019年第三季度我国煤及褐炭进口量较2018年同期有较大提升，来自海外的低灰低硫煤品质更高，而且海运成本要比国内的公路运输成本低很多，南方各省市从海外进口煤炭要比从内蒙古、山西等地购煤更为划算。

此外，安全问题也是煤炭行业面临的一大难题。整个煤炭行业迎来用工荒问题，主要是愿意下矿井的矿工越来越少了，甚至技术、管理等方面的人员也有流失。

这些问题都在倒逼煤炭行业进行转型升级。煤炭行业通过云计算、大数据、人工智能等新技术的应用，正由劳动密集型产业向数字化、智能化转型。

如今，煤炭智能化已成为能源领域的重要发展方向，这给煤矿企业的安全生产带来巨大利好。煤矿的高危之处在于采矿过程中的透水、瓦斯爆炸、塌方等不安全因素。利用AI视频技术，针对现场摄像头采集到的视频数据，利用云平台去做智能的分析，代替人脑做充分的判断，就能有效地预测危险、避免危险。

比如由华为与精英科技、煤科院共同打造的"煤矿大脑"解决方案，是通过云、边、端一体化的方式打造的矿山安全态势感知与信息共享体系化协同的大脑，不仅拥有设计、实施、评测一体化智能监控平台，还包括视觉、语音、OCR多维度作业场景分析模型，以及层级职能部门联合执行异常事件联动与处置机制，确保煤矿企业安全生产。在预防水害方面，煤矿大脑解决方案中的煤矿智能视频识别系统，基于人工智能视频识别技术，适用于受水害影响的煤矿探放水作业管理，可以满足煤矿企业及监管机构对矿井水害防治工作的监管需求。

针对用工荒的问题，早在2016年发改委、能源局印发的《能源技术革命创新行动计划（2016—2030年）》就指出，到2020年，基本实现智能开采，机械装备及智能化控制系统在煤炭生产上全覆盖，重点煤矿区采煤工作面人数减少50%以上；到2030年，实现智能化开采，重点煤矿区基本实现工作面无人化、顺槽集中控制。为了实现这一目标，近年来众多煤矿企业纷纷应用物联网、大数据、人工智能等新技术，提升和改造传统煤矿生产，推动智慧煤矿的建设。

清洁是当下煤炭行业转型的另一个方向。《2019年国务院政府工作报告》中明确指出：加快火电、钢铁行业超低排放改造，推进煤炭清洁化利用。在众多举措中，通过数字化转型改造现有生产工艺实现绿色开采、绿色加工、绿色利用，无疑可以实现煤炭开发的最优化和对环境影响的最小化。此外，我国"富煤、缺油、少气"的资源结构决定了煤炭在我国能源消费中的重要地位，因此在去产能的大背景下，必须借助科技创新，推动关键技术攻关，进一步降低排放指标，促进煤炭清洁高效利用并提高到一个新的层次、新的水平。

煤炭并没有过时，它依然是我国国民经济中不可替代的重要能源。煤炭行业也不是"夕阳行业",相反,在云计算、AI、大数据等新技术的加持下,煤炭行业具有广阔的发展前景。

在所有的能源行业中,焦化行业是一个比较特殊的细分行业。这个行业炼化的所有焦炭中,90%都被用于钢铁行业的生铁冶炼,这就使得焦化行业成为一个典型的需求拉动型行业——下游的钢铁行业需求旺盛,那么行业的整体情况就好;钢铁行业需求疲软,那么行业的情况就差。

近年来随着"三去一降一补"的进行,整个钢铁行业对焦炭的需求一直不振,这直接导致自2013年以来我国焦炭产量逐年走低。再加上这几年逐渐收紧的环保政策以及优质原料煤资源紧缺等因素,现在的焦化行业正处于极其困难的境地,可谓走到了生与死的十字路口。

河南鑫磊集团是焦化行业里的一家大型企业,自成立以来的十几年里,从一家传统的焦化企业逐渐发展成为集采煤、洗煤、炼焦、钢铁、铸造、食品等于一体的综合型企业。进入数字化时代,云计算技术在各个行业的落地应用为河南鑫磊集团带来了新的灵感。在整个焦化行业发展遇阻的背景下,面对整个行业转型升级的挑战,也为了进一步提升企业的核心竞争力,河南鑫磊集团决定从自身炼焦业务出发,为焦化行业开辟一块数字化试验田。

焦化企业在炼焦时需要大量的原料煤,并且要按照一定比例进行配煤(把不同种类原煤按适当的比例混合起来)。配煤是影响焦炭成本的关键因素，有研究表明其在所有的因素中占比高达80%。这意味着，降低配煤成本将直接降低焦炭的生产成本，而降低焦炭的生产成本也会为企业带来更高的经济效益，从而提升企业在市场上的竞争力。

影响配煤的关键因素有原料煤质量、备煤工艺等。传统配煤以胶质层重叠为理论基础，主要根据人工经验来确定配煤比。然而，依靠人工经验存在很多不稳定性，一方面要高度依赖专业配煤师，培养一个专业配煤师，无论是时间成本还是经济成本都不低；另一方面，人工经验已不适应当下精细化配煤的技术要求。并且，随着炼焦配煤形势的发展，配合煤指标由传统的A、S、V、G、Y五大参数，猛增到十几个参数，这既对当下的炼焦理论提出了挑战，也使得靠人脑配煤与优化变得更加困难。

为此，鑫磊集团选择了依靠云计算和AI技术，从配煤入手打造了全新的智能配煤解决方案：鑫磊集团通过业务系统将运营数据、焦炭数据、原料煤数据、生产过程设备传感器数据等进行整合，并上传到公有云上，由公有云结合AI技术对其进行智能计算、分析，得出最优配煤比例，并开放API接口给河南鑫磊集团。

由人工配煤升级为智能配煤解决方案后，河南鑫磊集团的炼焦业务实现了"降本提质"的双重效果。以往采用传统的原料煤检测方式需要一天以上的时间，而智能配煤方案可以对焦炭质量进行实时预测，炼焦过程中发现质量不达标，可以马上调整原料煤配比，既减少了不必要的资源浪费，又进一步保证了焦炭的产出质量。

这一套智能配煤解决方案实施后，鑫磊集团每生产一吨焦炭，配煤成本结合生产实际工况大致节约在20元/吨到70元/吨之间。以河南鑫磊集团每年130万吨的产量来推算，仅这一项技术改造，每年至少可节省成本约3000万元，大大提升了企业在市场中的竞争力。

相关数据显示，整个河南的焦炭产量约2000万吨，全国独立焦化企业数量400多家，产量高达4亿吨。以河南鑫磊集团这块试验田的数据为样本，如果整个河南地区的焦化企业都采用智能配煤解决方案，预计每年最少可节省2.4亿元；全国范围内的焦化企业都采用智能配煤解决方案，则整个行业每年可节约至少50亿元的成本。

这还只是最直接的经济效益。在看得见的经济效益背后，通过云计算智能配煤解决方案带来的环境效益、社会效益更是不可估量。一直以来，焦化企业是工业企业中的污染大户，其污染物主要是废水、废气及废渣，对环境造成严重污染的同时也直接威胁到人们的身体健康，产能落后的焦化企业污染问题尤为突出。通过优化配煤，云计算智能配煤解决方案帮助企业提升资源利用率、减少资源浪费，而这也将直接缓解焦化企业在炼焦过程中的污染问题，从而给整个行业乃至国民经济带来巨大的改变。

第四节　汽车业百年变局

百年汽车行业正面临着一场前所未有的变局。这场变局来源于信息技术和汽车产业的结合。这两者的结合爆发出巨大的能量，智能化、网联化、电动化、共享化已经成为所有人的共识，这对行业和用户产生了深远的影响，正在改变人们的出行方式和生活方式，并直接推动了汽车研发设计、制造生产、营销服务和业务创新等各方面的转型升级。

总的来说，这一场数字化的革命正在席卷整个汽车行业，所有的一切都要数字化、虚拟化，不仅仅是汽车产品的数字化，还包括企业运营的数字化。对于汽车产业而言，"变身"已经刻不容缓。

2019年2月25日，德国汽车巨头大众汽车集团在公司内部成立了一个名为"数字汽车和服务"的部门——在这场汽车产业数字化的角逐中，素以传统和保守著称的德国车企第一个冲出了起跑线。

当然，不只是德国车企，日本、美国乃至中国的部分汽车企业也已经开始了它们的"变身"之旅。这些先知先觉的企业正在将它们的汽车产品数字化、虚拟化。比如，大众汽车集团CEO赫伯特·迪斯明确提出，大众要成为一家由软件驱动的汽车公司，而汽车产品，将会成为由软件定义的产品。为此，大众汽车集团计划将从每年将近140亿欧元的研发预算中，拿出一半投入到软件研发当中。赫伯特·迪斯已经明确大众汽车集团将会接管汽车中核心零部件的软件开发工作。此外，大众汽车集团在未来还将会开放汽车大部分的控制功能，以API接口的方式提供给第三方应用开发者，供他们通过软件来定义功能。

简单来说,大众这样的车企正在打算将整个汽车的硬件都标准化,并用一个开放的系统和开源的软件来控制这些硬件。这样的情况有点类似于当初的智能手机安卓系统的崛起。在这种开放的环境里,一辆汽车能够给用户带来的体验,已经不取决于车内的硬件了,而是取决于汽车的软件应用生态,应用生态越丰富,就越具有竞争力。当然,应用越丰富,需要的数据量就越大,上云也就成了必然的选择。

随着 5G 时代的到来,汽车在云中飞驰成为可能。未来,世界上行驶的大多数车辆,包括这些车辆里的传感器,都将会虚拟化并上云。人们坐在办公室或者家中,就可以通过软件与之交互,并让这些硬件按照人们的希望去工作。

当然,对于汽车企业而言,除了汽车产品和服务需要数字化,生产、销售、采购、售后等一系列工作都需要数字化。数字化的应用不仅仅体现在汽车产品上,也将会持续不断地向企业运营的纵深渗透。

比如,在汽车制造的质量控制领域,通过计算机视觉,一些汽车制造企业已经能够对汽车部件进行百分百的质量检测和控制。其实,这并不是一件很困难的事情,只需在生产线上架若干个摄像头或传感器,就可以对零部件进行从里到外的 CT 般的扫描。再根据云端训练的算法,通过对采集数据进行比对,就可以判断零部件是否合格。这套系统完全可以延伸到零部件供应商那里,对供应商们生产的每一个零部件,进行全面的检测,甚至包括经销商系统、物流系统、库存系统、供应商和生产体系，在未来恐怕都会被数字化、上云。这种上云将会为柔性化、定制化生产奠定基础，并消除大量的库存，降低浪费，节省人力。

又比如在销售领域，现在国内外的很多车企都在积极尝试 C2B 的新模式。通过这种模式，这些车企让消费者参与车辆整个生命周期的各个环节，包括定义、开发、认证、定价、选配和优化。车企在新产品上市前就可以在数据平台上打通与消费者的关系，向潜在用户收集建议，并根据这些建议指导产品的设计。在生产阶段，车企还可以让消费者根据自身喜好选择配置，生产平台提供多种配置组合满足消费者差异化的需求。

总之，数字化、智能化已经成为大势所趋。若干年以后，那些还不能实现数字化运营的汽车制造商，在运营效率上，将会逐步与竞争对手拉开距离，最终在竞争中失败。

对于中国汽车制造企业而言，以上云为标志的数字化转型尤其具有重要的意义。2018 年，中国汽车市场销量出现了负增长，这是 28 年来的首次。中国汽车产业已经进入了寒冬，再加上全球整个汽车产业所面临的百年变局，中国车企别无选择，只能积极拥抱新技术，率先变道，依靠数字化转型在未来的全球竞争中建立自己的核心优势。

一辆货车在高速路上飞驰，每隔 30 秒，这辆货车就向后方福田汽车的车联网平台传回一次数据，司机的整个驾驶过程都显示在车联网系统中。截至2018年年底，福田汽车车联网已经接入80万辆车。不要小看这个车联网系统，有了这个系统，曾经让运输企业负责人头疼不已的货车司机偷油、接私活等乱象迎刃而解。除了车辆管理，在不同区域的车辆调配、协作上，福田汽车通过车联网调度运力，也能为客户提供最优的解决方案。

在有效提升客户效益的同时，车企也能从中获益。车联网可以对车辆进行全生命周期管理，包括车辆的销售、金融贷款、售后服务等。此外，车联网还可以发现哪些零部件容易损坏，并反馈到设计生产环节进行产品改善。车联网甚至可以预测汽车市场走势及经济运行情况。

商用车车联网的发展趋势很早就引起了福田汽车的注意。早在2013年，福田汽车就开始打造自己的车联网。不过，随着业务的高速增长，车联网对资源和网络环境稳定性的需求也急剧增加。2018年，福田汽车搭建了自己的混合云系统，构建云服务+边缘计算的网络。这张网络支撑着福田汽车业务系统建设，快速满足了车联网等业务创新需求。

福田汽车成立于1996年，是中国品种最全、规模最大的商用车企业。福田汽车数字化转型的意识起始于2013年。这一年，在国际国内宏观环境变化的冲击下，中国商用车销售开始下滑，由此带来的商用车市场的消费结构、产品结构、竞争格局等迅速变化。特别是客户端，客户的个性化需求越来越强烈，用户结构发生变化，购买行为从传统的线下店购买演变成线下+线上相结合的方式。

过去，福田汽车基本以零散客户为主，只需要满足基本功能需求，在生产方面也是大规模生产的模式。但随着大客户比重开始超过散户，客户对品质、效率、智能化需求越来越高，福田汽车开始了向规模化定制方向的转型，由此开启了数字化转型的进程。

数字化转型以云计算、物联网、人工智能等新技术的应用和融合为基础。这些都驱动福田汽车在生产制造、商业模式、业务形态、组织模式等各个环节上实现再造，产业链整合能力大幅提升，基本上建立了以客户为中心、数据驱动的大规模定制模式，部分ETO（按订单设计）订单交付周期缩短了三分之一。

经过几年实践，福田汽车提出了更系统化的数字化转型战略——"工业4.0战略"。根据规划，2020年福田汽车将搭建福田工业4.0平台架构，即"一云、四互联、五智能"，以车联网、大数据及云平台为基础，建立以客户为中心的生态系统，利用大数据驱动企业管理的智能化，通过智能产品、智能工厂及智能制造实现大规模的客户个性化定制，力争2025年实现福田工业4.0。

"一云"即福田汽车采用"公有云+私有云"的混合云部署模式。公有云负责客户交互数据、车联网数据等面向互联网+内外部to B和to C应用的非核心数据，私有云部署包括客户、产品、销售、交易等在内的传统内部核心应用及数据。"四互联"即通过数据交互实现工厂内部互联、企业运营管理系统互联、企业与产品互联、企业与客户互联。"五智能"即商业智能、智能管理、智能汽车、智能工厂、智能制造。

在福田汽车工业 4.0 战略的实践中，云被视作整个福田汽车运营的操作系统，云计算可以统一调度所有资源、服务和数据，打通核心运营系统，连接工厂、产业链和客户。

以车联网为例，《车联网产业发展报告（2019）》显示，当前全球联网车数量约为 9000 万辆，预计到 2020 年将增至 3 亿辆左右，到 2025 年则将突破 10 亿辆。

最初福田汽车的车联网部署在私有云上，到 2018 年年初，配装福田汽车车联网的车辆总数已超过 60 万辆，总数据量达到 400TB，每年增量达到 36.5TB。随着业务的高速增长，福田汽车对资源和网络环境稳定性的要求更高，因此决定将车联网系统迁移到公有云。

车联网业务其实非常适合公有云的模式：首先，本地数据中心资源有限，公有云能够满足车联网业务数据快速增长对资源的要求；其次，车联网大量采用开源组件，公有云能够及时提供社区支撑解决技术难题；最后，公有云能够帮助业务快速弹性扩容，让 IT 人员更聚焦业务。

为了不影响业务和用户体验，福田汽车制定了涉及资源、服务、管理等多个维度的整体规划，在公有云上搭建了 1∶1、同线下完全一致的车联网平台。在测试和切换上，双方团队把网络打通，通过专线搭建了高效的动态 BGP 双活网络，并制定详细的切换预案，双方协作把每一个时序都演练精确到位，保证万无一失，而其间的交割只在夜间两个小时就完成了。

2018年5月，福田汽车搭建的新的网络结构上线，最终实现了"按需使用，以租代建"的目的，不仅资源节省非常明显，性能还得到大幅提升，资源发放实现了从之前的天到现在的分钟级别。

此外，福田汽车基于云平台整合了生产、销售、服务、售后、物流、质量等全价值链数据，建立分析模型，指导业务从网络布局、热销车型等方面对市场做出精准预测，同时推进了客户体验的持续提升。以维修车辆为例，车辆故障地址、环境、故障位置、救援路径等数据都能快速准确传回，救援过程全程可视，甚至能在故障发生前提前预警，相比人工收集资料和计算，车辆救援费用降低10%～30%。

如今，以5G、云计算、人工智能、大数据为代表的数字技术对业务流程直接的科技赋能，成为越来越多车企关注的热点和方向。在这方面，福田汽车走出了一条独特的数字化转型之路。

另一家车企在2019年逆势而上，销售额再创新高。数据显示，1～8月东风本田累计批售量达到498 354辆，终端累计销量达到489 900辆，同比分别增长17.5%和28.4%。

东风本田销量逆增长的背后，是其对数字化的不懈追求，尤其是在4S服务方面进行了大量的创新。

东风本田于2004年在中国建立了第一家4S店，目前已拥有

531家4S店,销售服务网络覆盖全国31个省、市、自治区,280个地级市,累计保有客户超过460万。

在数字化浪潮的变革下,传统4S店的买车和服务流程正在被颠覆。以东风本田为例,在任意一家东风本田4S店,只要一个iPad在手,输入购车需求,相匹配的车型和配件的成交价格便一目了然,客户无须再和销售顾问讨价还价、试探底线。销售顾问也能凭借客户输入的职业、驾驶喜好等个性化信息,准确了解客户最真实的购买需求,无须再想方设法向客户兜售产品和服务。

当车型、颜色、配置确定后,信息第一时间通过互联网传递给东风本田生产厂商,厂商根据客户的需求和喜好提前生产所需车型,使客户从订车到拿车的周期大大缩短,并可确保即使是热门车型,客户也能在短时间内拿到车。如此方便快捷的4S服务新体验,源于东风本田打造的数字化营销平台——"云上新营销服务平台"。

2017年,东风本田在全国各4S店部署了无线Wi-Fi,使用iPad终端为客户呈现车型和指导报价,并通过用户免费接入网络收集用户调查数据,主机厂及时获取最终用户诉求,在提升客户体验的同时,指导厂家更好地生产对应的车型。

为了解决该业务场景给新营销平台和原有IT架构带来的网点覆盖、网络性能、成本控制、上线周期、开发周期等挑战,东风本田打造了云网协同、全网联动、统一管理、集中运营的"云上新营销服务平台"。这一"人、车、店、厂"一体化的新营销平台,实现了千店网点轻松覆盖，不管在任何地方，只要有互联网接入，就可以使用云服务。基于公有云的云管理园区解决方案和一揽子解决方案，东风本田实现了 460 余家 4S 店在云平台上快速、准确的 AP 布放规划，以及全国 4S 店的统一管理集中运维，整体 IT 投资成本降低 23%，运维成本降低 83%，新业务上线速度提升 6 倍。

  4S 店提供的是销售和售后一体化服务。随着新零售模式对传统 4S 店的新车销售产生冲击，以及消费者逐渐注重汽车的售后及增值服务，售后服务已经成为 4S 店的竞争新战场。众多车企开始极力布局线上数字化服务，通过微信订阅号、服务号、小程序、App 等各种形式争抢售后服务的巨大蛋糕。

  东风本田的线上数字化服务探索始于 2017 年，虽然起步较晚，但不同于其他车企多方布局多条腿走路，东风本田选择集中优势服务资源，深耕大众常用的微信服务号，探索出一条以满足客户用车服务需求及活用微信平台支持品牌经销商 4S 店开展客户维系为主线的数字化服务运营之路。

  2017 年 3 月 15 日，东风本田开通"东风 Honda 售后服务"微信服务号。数据显示，自该服务号上线以来，关注粉丝数和注册认证客户数持续增长，已分别达到 325 万和 300 万，覆盖了东风本田品牌超过 70% 的保有车主。

  一方面，东风本田微信服务号是车主的"智慧管家"。目前该服务号已上线了保养预约、信息提醒、保养记录、特约店查询、车主中心、用车养车、服务评价、特约店活动和纯正用品等九大功能，涵盖了客户最关心的诸多基础服务内容。例如，东风本田导入"一键救援"功能，使客户可以通过微信服务号发送所在地理位置以及车辆状况，4S店在实时接收救援信息并准确、快速、高效地响应救援需求的同时，也解决了以往4S店无法对处于紧急情况下的客户给予及时有效帮助的痛点。

另一方面，东风本田微信服务号还是厂家和4S店的"智慧帮手"。东风本田售后服务领域的客户活动，可以通过微信服务号实现点对点精准触达回馈，使活动精度和效率更有保障，更好地维系了客户关系。

东风本田还通过售后满意度调研等方式，充分运用微信服务号收集客户意见，反馈给厂家和4S店，指导其改善业务水平。目前，东风本田售后满意度调研样本量已经由以前短信调研时的2.4万/月增长到微信调研的12万/月，不但在满意度调研执行层面实现了"零成本"，还保障了调研的时效性以及数据的真实性。

第五节 中国制造重装上阵

中国是制造业第一大国，"中国制造"无疑是中国经济的金字招牌，也是中国经济的重中之重。即使是在经过了数年的经济结构调整之后，制造业增加值如今在我国GDP中的比重依然能占到30%左右，可谓中国经济的"定海神针"。

但是，这根"定海神针"正承受着越来越沉重的压力，制造业整体呈现比较低迷的态势。原因有很多，其中一个主要的原因就在于成本的上升，首屈一指的就是劳动力成本的上升。除此以外，上游的能源和原材料成本、企业的运营成本以及环保成本居高不下都在不断侵蚀制造企业本来就已经非常微薄的利润。

这些还只是"内忧"，在外部，中国制造业同样面临着乌云压顶的态势。一直以来，中国经济都是全球化的主要受益者之一，中国制造业的崛起也在某种程度上依赖于在全球产业链的分工中找准了自己的位置。但近年来，一股逆全球化的浪潮在国际上愈演愈烈，这种全球贸易保护主义给中国制造企业，尤其是给那些以外贸出口为导向的企业造成了沉重的打击。

与此同时，用户的需求也发生了深刻的变化。2015年一篇《去日本买只马桶盖》的文章曾引发业界的广泛讨论。尽管有部分观点认为文章贬低了中国制造业，但却戳中了国人对产品需求的痛点。同样一个马桶盖，日本企业能抓住客户需求，让国内消费者不辞劳苦跑去抢购，而国产马桶盖近在咫尺却无人问津。这充分说明，如今的用户不仅对产品的质量要求越来越高，同时还要求产品具有更多个性化和智能化的特质。

所有这一切，都要求制造企业必须改变过去的发展方式，去探索新的发展路径。在设计上，面对个性化和智能化的产品需求，企业的研发平台必须做到性能更好和效率更高，以支撑不断缩短的产品设计周期和满足日趋复杂的机电软一体化研发设计需求。在制造环节，快速变化的消费需求要求企业的工厂必须具备更高的柔性化生产能力，从而推动工厂由大批量、少品种的生产制造模式向小批量、多品种的生产制造模式转型。

幸运的是，云计算、AI、大数据、物联网等技术的兴起，正推动着制造企业的数字化和智能化转型。近年来，在行业和市场的多重压力下，越来越多的制造业开始上云，企业的业务开始向云平台集中，企业的成本因此降低，效率也因此提高。信息技术与制造业的深度融合，将会使制造企业在生产方式、企业组织、产品模式、服务模式等方面发生深刻的变化。

智能化生产是要实现从单个机器到生产线、生产车间乃至整个工厂的智能决策和动态优化，显著提升全流程生产效率，提高质量，并且降低成本。

网络化协同是要形成众包众创、协同设计、垂直电商等一系列新模式，大幅降低新产品开发制造成本，缩短产品上市周期。

个性化定制是基于互联网获取用户个性化需求，通过灵活柔性组织设计、制造资源和生产流程，实现低成本大规模定制。

服务化转型是通过对产品运行的实时监测，提供远程维护、故障预测、性能优化等服务，推动产品的设计优化，实现企业的服务化转型。

中国政府于 2015 年 5 月出台"中国制造 2025"，大力推动中国从制造大国向制造强国的转变。可以预见，随着"中国制造2025"的落地，再加上5G时代的到来，制造企业工业云落地的速度将会越来越快，制造企业上云的成功案例也会越来越多。

钢铁行业是中国制造的基础性行业，算得上是国之重器。在过去的很长一段时间里，钢铁行业都是我国最重要的支柱性行业之一。在几十年前，能成为一名在生产一线挥洒汗雨的钢铁工人是一件非常值得骄傲的事情，也是当时很多人心目中的最佳职业选择之一。但时至今日，情况已经发生了变化。随着国家持续进行的产业结构调整以及宏观经济形势的变化，钢铁行业的地位有所下降。与此同时，钢铁行业的一些问题也开始暴露出来，比如严重依赖体力劳动、效率低下、污染环境等。尤其是，钢铁生产车间里的高温、噪声、粉尘和强光，对于工人的身体健康和人身安全都构成了巨大的威胁。

智能是制造业未来的发展趋势，也是钢铁产业转型升级的必由之路。在传统钢铁工业如何向智能制造转型升级上，中冶赛迪认为，钢铁冶炼是复杂且庞大的体系，钢铁行业的变革不能仅仅依靠单个工艺、装备、控制技术的创新，而是要从系统性出发，进行颠覆式的变革。对此，中冶赛迪提出钢铁行业智能制造的实施路径：一是系统优化、流程再造；二是实现人、组织与生产的高度匹配；三是建立完整的钢铁智能制造体系，逐步建成面向未来的智慧工厂。

中国的城镇化进程并未结束，经济发展势头依然强劲，钢铁行业依然是我国重要的支柱产业，而绝不是一个夕阳产业。在5G、云和AI等技术的加持下，再加上中冶赛迪这样的"钢铁侠"的帮助，钢铁产业将迎来一段崭新的发展之路。

"轰鸣的机器，飞溅的火花，滚滚的热浪"，这是一直以来外界对钢铁厂冶炼车间的印象。但其实，这种情况正在发生变化，如今的钢铁工人已经可以不用在车间里挥汗如雨了，他们甚至可以坐在几公里之外的控制中心，坐在椅子上吹着空调，喝着咖啡，就可以监督炼钢。

2019年5月30日，中冶赛迪为宝武集团广东韶关钢铁有限公司打造的韶钢铁区及能介一体化智慧集控中心全面投入使用。这个智慧集控中心将生产现场与管控平台进行无缝对接，可以实现5公里以上跨工序、跨区域、远距离、大规模集控。正是因为这个智慧集控中心，韶关钢铁的436名操作人员得以从危险作业区撤离至5公里外的智慧中心，遥控整个炼钢的过程。

韶钢智慧中心是宝武集团2019年智能制造示范项目，代表了国内钢铁行业智能制造的最先进水平，其技术实施方中冶赛迪是钢铁工程技术的排头兵，是以智能化、大数据赋能钢铁产业转型升级的"钢铁侠"。

近年来，中冶赛迪运用云计算、物联网、大数据、人工智能等前沿技术，面向钢铁行业发布了一系列智能制造整体解决方案和支撑智能制造的核心产品体系，涵盖钢铁工业智能化生产全流程，全面提升钢铁企业的生产效率和质量，助力传统钢铁企业改造升级。

在新疆的八一钢厂，依靠世界首套热轧智能化钢卷库系统，运用起重机无人驾驶、机器视觉、智能夹具、智能仓储管理系统、设备自诊断系统、大数据分析、仿真系统、移动互联等八大核心技术，钢厂的7台行车都实现了无人化和智能化的热轧钢卷出入库操作。这避免了人和货的损伤，使得出库效率提高了50%，最大吊运能力提升了10%以上。

在宝钢湛江钢铁工厂，随着"智能流程""数字化料场""堆取无人化""综合智能运维"等系统的运行，原料场实现了生产的完全自动化、高度智能化和管控一体化，在100万平方米的原料场只需2个操作工人远程监控，劳动生产率提升80%，原料场利用率提升20%，盘库效率提升95%。

中冶赛迪正在以智能化、大数据赋能整个钢铁行业转型，让这个劳动密集型的行业回归以人为本。

随着5G时代的到来，5G、云与AI等技术将会与钢铁产业进一步结合，这将带给钢铁产业更多的变化。

2019年8月，中冶赛迪联手华为云发布了华为&CISDI钢铁工业智能制造云解决方案。作为"赛迪水土云""赛迪生产云""华为云"深度融合的"一云三平台"智能化混合云解决方案，其一方面用于中冶赛迪内部的生产与企业管理信息化，另一方面针对钢铁工厂，建设 CISDigital 工业互联网云平台，将华为云 EI 和赛迪水土云 AI 相结合。

这一方案将拓展 5G 在工业领域的应用，推进大幅提升工业互联网的创新能力和速度。在应用方面，华为 AI 芯片及技术将和赛迪工业智能模型与算法结合，不断提高工业智能化的水平，推进生产制造和服务能力的智慧化，实现降本增效，最重要的是作业安全性将会大幅提升。

此外，2019 年 3 月，中冶赛迪还与创新工场 AI to B 子公司创新奇智合资成立重庆赛迪奇智人工智能科技有限公司。赛迪奇智以成为"工业人工智能领导者"为发展目标，打造以人工智能行业解决方案为核心的创新型科技企业，用 AI 赋能工业效率及价值提升，助力客户实现数字化转型和智能化升级。

第六节　政务进入云时代

政务数字化是我国社会经济数字化整体转型中必不可少的一环，甚至是最基本的一环——政府是整个社会经济最核心的支撑力量，只有政府率先实行了数字化，才能带动企业和公众的数字化转型步伐。

对于政府而言，推行政务数字化是一件很有必要的事情。政务数字化有利于提高政府在行政、服务和管理方面的效率，比如优化办公业务流程。而且这种业务流程是在电子政务平台上进行的，其整个过程和结果都是面向所有人公开的，不仅是对政府内部的工作人员公开，同时也对外部的社会公众公开。以前有些人对政府的质疑之一，就是政府在处理政务的过程中可能存在暗箱操作、权力寻租等现象。而实行电子政务后，政府的政务处理就变得公开和透明，就能避免以往的这些弊端，能在很大程度上提升政府在社会公众心目中的形象。

中国政府一直都很重视数字政务的发展，比如近几年的国务院政府工作报告中都提到了要大力推动"互联网＋政务服务"。在2019年的政府工作报告中，李克强总理特意要求各地探索推广一批有特色的改革举措。近年来国务院和相关部委发布了大量的政策和指导性文件，引导和规范各省市相关政府部门来建设政务云。中央政府的努力已经有了效果，据公开资料显示，目前已经有80%的省份正式发文要求集约化建设，93%的省份在"互联网＋"、信息惠民工程、智慧城市等发文中要求推进政务数据共享开放。

在各级政府的大力投入和积极推进之下，我国的政务数字化取得了长足的进步。不过，在已经完成和正在推进的政务数字化实践中，挑战也非常明显。这些挑战主要体现在三个方面，即信息孤岛、成本和安全。

政府的很多办公和服务事项往往涉及多个部门或多个区域，比如农产品从田间到餐桌的过程中，中间有生产、加工、储藏、运输、消费等多个环节，可能涉及多个行政区域，监管部门也涉及农业、质检、工商、卫生等多个部门，而这些部门和区域之间在信息化建设上往往条块分割，信息割裂，系统无法兼容。这一方面会造成大量的重复建设，另一方面也使得基层数据采集变得非常困难。由于数据来源各自独立，数据在各个部门、区域之间无法互通共享，使得本应是一个整体的政务系统被分割成了一个个的"孤岛"。正因为这些信息孤岛的存在，导致相关部门的决策缺乏有效数据的支撑，无法或者不能及时进行有效的决策分析。同时这种信息孤岛必然带来部门之间协调机制的缺乏，也使得政府无法为社会公众提供完整、高效率的服务。

各级政府和部门在数字化的过程中，往往会首先考虑自建的方式，自己去建立数据中心，自己购买服务器等硬件及相关软件，并且自己招聘专门的技术人员来做运营和维护。自建的好处是可以自己掌控一切，但代价就是昂贵的建设费用、维护费用以及将来升级拓展的费用，这些费用加起来绝对不是一个小数目。再加上信息孤岛的存在，就是每个厅局委办都要建自己的系统中心，导致中国整个政务数字化的资金投入居高不下。其实，中国各级政府及部门的情况不一样，对数字化的要求也不一样。一方面，有的政府和部门业务量比较低，根本没有必要自建一整套系统，会形成资源的巨大浪费；另一方面，有的业务量极其庞大，自建的系统以及自己的技术能力无法支撑其业务，从而影响工作效率。

政务数字化并不是简单地购买、安装硬件和软件，而是一个系统性的工程,本身难度不小。而各级政府和各个部门的经济实力和技术水平又是不一样的,比如东部地区地方政府的经济实力就远远超出中西部地区地方政府的经济实力,县级政府的技术水平远远落后于省级政府的技术水平。此外,我国在政务数字化的过程中没有统一的组织和管理,也没有统一的标准和规范,这就导致在数字化的过程中出现了大量良莠不齐的应用、平台和开源组件,很有可能会导致业务系统上线后存在多处漏洞,安全可靠性无法得到保障。而政务系统一旦出现问题,会对政府甚至整个国家造成重大损失。

对于上面这些问题,云计算技术能够很好地给出解决方案。

云计算首先能够解决政务系统信息孤岛的问题,这也是政务云最大的优势和意义所在。基于电子政务云这一公共的平台,各级政府和各个部门就能实现软硬件和数据的共通共享,从技术上降低了信息共享和业务协同的难度,从而能在很大程度上缓解各级政府和各个部门之间普遍存在的各自为政、条块分割的难题,真正实现数据、流程和系统的全面打通,从而提高整个政府的工作效率。

在成本上,各级政府和各个部门只需要统一购买云服务,按需付费即可,这省下了机房、软硬件以及人员方面的大量投入,也省去了原本的信息系统日常维护以及日后的拓展升级费用。从整个中国的政务数字化来看,随着政府购买服务成为主流,将会从根本上解决重复建设、重复投资以及资源浪费的问题。

在安全方面,云计算本身具有多中心、多冗余安全备份等方面的特点,能够降低业务中断和数据丢失的风险,天然比传统的信息中心更加安全。而且,云服务商一般具有更专业的技术能力和更丰富的运维经验,对于网络安全的防护意识和抵御能力也更强。另外,我国针对云服务商有一些专门的规范措施,这些云服务商必须接受政府部门的监管和第三方机构的评估,在数据存储传输以及口令账号方面都有一些严格的监管政策,在这些政策的规范之下,用户的数据安全更能得到保障。

基于我国国情和现实需要,政务云发展和应用在未来5～10年逐步形成"精准治理、多方协作"的社会治理新模式,从单纯的业务办公支撑信息化逐步成为提升执政能力和建设服务型政府不可或缺的手段,是推进国家治理体系和治理能力现代化的必然要求,我国的政务数字化也将会迎来一个加速发展的时期。

对任何一个国家而言,国土调查都是一项重大的国情国力调查,是全面查实查清国土资源的重要手段。人多地少是我国的基本国情,因此每一寸土地的合理利用都显得格外重要,这使得国土调查也同样变得意义重大。以前,我国的国土调查主要依靠遥感、测绘、地理信息这些相对传统的技术。很多时候,还需要大量的工作人员依靠两条腿,跑到田间地头进行实地考察,不仅费时耗力,而且精准度难以保证。

2017年10月,我国开始了第三次国土调查。从这次调查开始,国土调查开始走上"云端",全面迎来了云智能时代。以大数据、人工智能、云计算等关键技术为依托的"国土调查云",极大地提高了国土调查的准确性和效率。现在，如果你要想知道在我国 963 万平方公里的土地上散落着多少村庄，这些村庄里有多少房屋，另外还有多少道路、垃圾站等基础设施，只需要通过手机搜索，答案就会一目了然，这全都是因为有了"国土调查云"。

我国于 1984 年 5 月开始第一次土地调查，前后持续了 13 年。之所以耗时这么长，主要是因为开始改革开放不久，计算机技术还处于萌芽状态，因此大部分工作还是由人工来做的，比如航片转绘、编图绘图、图件缩编等，仅面积量算采用了当时较先进的计算机扫描计算技术。

2007 年我国开始了第二次土地调查，于 2009 年结束。第二次调查由国家统一购置航空、航天遥感资料，统一制作调查基础图件，既减轻了地方负担，也确保了基础资料的可靠性、时效性和统一性，因此两年就得以完成。

2017 年 10 月，我国开始了第三次国土调查，此时我国社会经济已经发生了翻天覆地的变化。云计算、大数据、人工智能等新一代信息技术全面发展，成为推动社会经济发展的新动能，全国范围内掀起了数字化转型浪潮，国土调查也借此走上了"云端"。

早在 2015 年，原国土资源部就建成了覆盖全国的国土资源云，并统领国土资源信息化建设工作。当年，国土资源部地籍司组织规划院开展"互联网＋举证云""应急监测云"建设，奠定了"国土调查云"建设的基础。

中国国土勘测规划院（以下简称规划院）于1987年成立，主要职责是为国土管理业务提供技术保障，为自然资源管理决策提供技术支持。建院32年来，规划院拥有我国最翔实、全面、权威的国土资源基础资料与数据，历史延续性强，已形成400TB的全国国土资源基础数据库。

面对新时代自然资源管理对国土调查和国土空间规划技术支撑的新要求，如何加快转型和提升，是全国规划院系统面临的迫切问题。"国土调查云"的建设和推广带来了契机。2018年11月，自然资源部印发《关于推广应用"国土调查云"软件的通知》，决定在全国各级自然资源主管部门和乡镇国土所推广应用"国土调查云"软件。

"国土调查云"由规划院牵头建设，是一个服务于国土调查和自然资源管理的工作平台，主要集合了土地调查、基本农田、土地规划、遥感影像和自然保护区等信息实时查询服务功能。

"国土调查云"充分应用了北斗卫星定位、大数据、云计算、移动互联网，以及"3S"一体化等高新技术，搭建了"一网三平台"应用框架。一网是以全国用户调度机制和调度大屏建设为核心的国家调度网络，三平台是面向国土调查、举证和核查的外业平台，面向督察、执法和耕地保护的外业监测监管平台，以及面向日常通用管理的外业辅助服务平台。

"国土调查云"对我国国土监测监管而言，是具有标志性的变革,"国土调查云"的作用也是显而易见的。当国家通过卫星遥感监测发现分布在全国 2800 多个县的海量地块发生了变化,而又没有足够的技术人员到现场亲自查看这些地块时,"国土调查云"可以迅速将这些疑问图斑发到各地国土资源所土地调查人员手中,调查人员就能迅速找到这些地块,用手机拍摄实地照片,再通过"国土调查云"实时将这些照片传到北京。

在第三次国土调查中,"国土调查云"中的举证及在线核查平台面临的挑战最大。该平台的具体作用是,当国家通过比对卫星影像发现地方上报的土地调查数据有疑问时,工作人员可以通过"国土调查云"在线指挥调查人员现场拍摄照片或视频举证上传,有效防止地方虚报瞒报土地调查数据。

举证及在线平台服务于分布在全国各地的成千上万的调查员、在线的审核人员、管理人员等。高峰时有数万人同时在线,最高数千人同时上传举证材料,要应对如此浪涌式的访问,需要安全、稳定、可靠、大带宽的强大网络环境,还要至少能够支撑 PB 级别的存储容量。华为云的弹性计算和海量扩展的存储资源,有效支撑了"国土调查云"的应用。

"国土调查云"的底层是华为云和规划院私有云组成的混合云平台。针对"国土调查云"的情况,华为提供了量身定制的解决方案。对上传举证照片类访问,Web 端和应用端处理完成后,混合云平台将举证照片存入后端存储,将照片记录数据存入数据库;针对查询照片材料类访问，Web 端和应用端处理完成后，混合云平台从数据库获取举证图片归档地址，再从存储中获取举证照片。

国土调查采集到的数据涉及坐标位置等信息，在传输过程中需要做好安全保密工作。华为云的云端安全防护以防火墙防护、防攻击等技术为支撑，对应用端和网络通道进行加密，充分保障了数据安全。同时，华为云通过构建隔离网络空间、大容量网络带宽、高可用网络平台、高并发网络能力和高安全内网环境等措施满足了"国土调查云"平台对网络的需要。

在华为云的支撑下，"国土调查云"平台能够支持 10 万用户同时举证、在线核查以及云查询，能够支持 PB 级别海量举证、核查成果存储管理，保证全天 24 小时稳定正常运转。走上云端的国土调查，有力地保证了第三次国土调查成果的真实性和准确性。

"国土调查云"的应用前景广阔。不久的将来，规划院会为全社会有需求的手机用户提供可公开的社会版的土地管理和土地调查数据服务，并从社会公众手机中更快采集更准确的变化数据，及时更新国土调查数据库。

第七节　物流行业告别"野蛮"

2011 年，中国的社会物流总费用就已经超过了美国，成为全球最大的物流市场。经济繁荣，商品流通加大加快，是物流业获得大发展的底层逻辑。而电子商务的兴起又在这之上添了一把火，让整个行业呈现出鲜花着锦、烈火烹油的态势，涌现出了顺丰、"通达系"等一系列明星公司以及一堆小独角兽。

但是，如果深入这个行业内部，就会发现它整体上依然是一个原始而草莽的传统行业，依然以一种低级而传统的方式在运作，其中充满了汗水和尘土，以及种种的不规范。麦肯锡在研究报告中曾指出：与中国其他行业相比，货运和物流业效率极低且数字化程度较低。这一点在麦肯锡全球研究院行业数字化指数排名中也能体现出来，在这份排名中，运输和仓储类别排在比较靠后的位置，也就比农业与狩猎之类的行业高一点。

总的说来，我国的物流行业是一个大而不强的行业，依然面临着人力成本高、运营效率低、车辆空驶率高以及暴力分拣等问题。其中又以暴力分拣最受人诟病，即拣货员在拣货的过程中因为时间紧，再加上自身素质的原因，出现扔、抛、推倒、用力踢等暴力分拣行为。这种行为不仅伤害消费者的权益，也给商家和物流企业带来了大量的货损赔偿，损害了整个行业的利益。

具体说来，物流行业主要有以下四个痛点：

过程不透明，运作效率低。物流运输的环节特别多，比如光仓储就有总仓、分仓、前置仓等多个级别，在运输方面有干线运输、支线运输以及最后阶段的配送等。物流运输过程中的角色也不少，包括货主、货代、承运方、客户等多个方面，这些都使得运输配送过程不透明可控，效率低，成本高。

物流配送满意度低。公开调查显示，电商客户对物流配送满意度仅为 21.3%。电商客户不满意的地方主要在于物流配送的速度慢、发错货、货物丢失、难以查询等，这些都是电商卖家遇到的普遍问题和难点。物流已经成为影响客户体验的短板。

商业决策缺乏数据支撑。整个行业获取数据的方式依然十分原始，无法获得充足的数据，更别说基于这些数据做智能分析了。这就使得物流企业负责人无法及时掌握企业的运营情况，决策时也无法得到有效的数据支持。此外，物流轨迹分析、生命周期的跟踪与分析、运输路径优化、仓储优化等也无从谈起。

安全性难以保证。物流配送涉及用户的姓名、地址、联系电话等隐私，因此对业务数据安全可靠性的要求比较高。而物流企业自身的信息化能力大多不足，难以保障这些数据的安全性。即使有些头部企业在 IT 上进行了比较大的投入，但随着业务的高速发展，IT 能力总是处在捉襟见肘的状态。

与此同时，电子商务的进一步发展以及新零售的兴起，又给物流行业带来了新的挑战，比如订单碎片化、高频小规模订单及仓储前置等大大增加了物流运输的难度。而用户则越来越要求物流服务更加柔性、敏捷、可定制，传统的技术手段和人工模式已经难以满足用户的需求。

这一切都要求物流行业必须尽快进行变革。物流行业也别无选择，只能和云计算、物联网、大数据、人工智能等新技术结合，通过数字化打通各个环节的信息流，降低各个环节的成本并提高效率，将自己从原来的传统物流进化成一种全新的智慧物流。

在未来，数字化平台将会是物流企业的核心竞争力，是物联网、大数据、人工智能等代表的技术能力。现阶段，在物流行业已经被验证了的一条成功转型路径就是迁移上云，这种方式能够比较快捷地获得物联网、大数据、人工智能等技术与网络协同能力。目前已经有不少企业和华为云、阿里云等主流云服务商合作，在智能仓储、路径优化、安全运输以及提升预分拣准确率等方面都获得了巨大的能力提升。

随着5G、云计算、AI、物联网等新技术在这个行业的加速应用，物流行业将迎来新的黄金十年。

在纷繁复杂的物流江湖里，有一个细分的市场叫零担市场，德邦就是这个市场的领军者。

零担是一个物流行业之外的人很少听到的词。零担是和整车相对应的，是指一张货物运单托运的货物不够装一车，必须好几批货物才能装凑成一车。在2001年德邦进入零担市场时，这个市场其实已经很饱和了，但德邦还是凭借细致、规范的做法在这个行业里很快脱颖而出，从一家名不见经传的地方企业成为这个行业的标杆企业，无论是从营业额还是员工、车辆数量上来看，德邦都要远远领先于这个行业里的竞争对手。

不过，零担市场的规模已经多年没有大的增长了，德邦也已经在这个市场做到了极致，未来也很难有进一步的成长。为了谋求进一步的发展，德邦花重金请来麦肯锡为自己做战略转型的规划。麦肯锡从30几个细分行业中，为德邦挑中了快递作为转型的方向。在经过了一段时间的论证之后，德邦全力向快递行业转型，并从德邦物流改名为德邦快递。

在巨头林立的快递市场，零担之王德邦只能算是新兵、小兵。为了同巨头竞争，德邦选择了用新技术来武装自己。德邦先后同阿里云、网易云、华为云等云技术服务公司签订协议，在云技术、人工智能等方面进行深度合作，并宣布每年将营业收入的2%投入到科技应用领域里。

在数字化转型方向上跑步前进的德邦显得越来越智慧了，比如在应对暴力分拣方面，德邦现在有一整套的技术解决方案。依靠华为云EI智能分析系统，德邦完全通过AI来监控快递分拣的场地和场景，无须人工专门去看这些视频，系统会自动输出暴力分拣片段，并附有发生的时间和地点。在车多人多的复杂分拣场景下，德邦暴力分拣算法的识别准确率为68%，召回率降低了40%，减少了人工监控成本，同时也倒逼理货员大大提高了自己的规范作业。

德邦还在分拣路径优化、OCR单据识别、运输路径优化、三维装箱等方面运用华为云的技术做出了重大的改进。比如在分拣路径优化上，德邦依靠云计算，在用户请求的基础上可以快速计算出路径最短、时间最短、成本最低的拣货路径，这可以大幅节省人力成本，将分拣失误率降到最低。

德邦全面应用OCR技术识别快递面单，取代纯手工录入的做法。取件时，快递小哥可以直接拍照或截图，OCR就会自动识别收寄信息并自动录入系统，过程简单高效。高精度的OCR识别还能够处理复杂背景、光照不均、模糊以及图片缺角等问题，减少异常情况的人工处理时间，大幅提高服务效率及用户体验。

目前，德邦已经全面应用OCR技术识别快递面单，在此之前通过雇用人力纯手工录入的做法被取而代之。技术的应用不仅提高了录入准确率，解决效率低下的问题，还节省了大量的人力，管理成本降低了25%左右。

德邦还可以通过OCR技术自动识别分拣，按目的地分类管理——包裹取回并传上流水线后，系统会自动拍照识别，一秒读取运单图片中的快递信息，然后根据寄件人信息、货物信息、是否盖检视章等，对物品进行合规性检测。最后，按照识别的结果，流水线可将包裹按目的地自动分拣开来，整个流程智能高效，大幅节省分拣人力。

除了在快递配送端的合作外，德邦还将在华为的协助下打造一座智慧物流园区，探索资源管理、安防联动和人脸识别等人工智能在物流产业链中的应用。

这一系列的努力已经显示出效果。2018年，德邦营收113.97亿元，同比增长64.50%，远高于行业平均水平，其主要竞争对手顺丰和三通一达的增速都在40%以下。看起来，在云计算、AI等新技术的加持下，德邦已经在快递这块刺刀见红的战场上站稳了脚跟。

第八节　传统媒体下半场翻盘

传统媒体被誉为"无冕之王"，但随着移动互联网时代的到来以及新媒体的兴起，传统媒体的生存现状越来越不容乐观。和报纸、杂志、电视广播等传统媒体相比，基于互联网及移动互联网的新媒体在信息的呈现和传播乃至生产等方面都有着独特的优势。比如，传统的报纸和杂志只能提供图片和文字信息，电视只能提供视频信息，广播只能提供声音信息，而新媒体却能集文字、图片、视频和声音于一体，为受众提供多角度的全面信息。

在移动互联网的上半场，传统媒体在和新媒体的竞争中全面处于下风。在新媒体的冲击下，传统媒体的处境日益艰难，绝大部分报纸杂志的发行量都日益萎缩，广播电视的收听率和收视率也在不断下滑，这又导致传统媒体的经营状况不断恶化，主要表现为广告量大幅下降。在行业发展处于困境的同时，一些优秀的人才开始离开这个行业另谋出路，这又导致传统媒体生产和传播优质内容的能力进一步变弱，从而形成恶性循环。

面对这种不利的态势，传统媒体一方面积极向新媒体学习，变成融合发展的全媒体；另一方面利用新技术，努力变身成为智慧媒体。这些新技术主要是指5G、AI和云计算，正是借助这些新技术，传统媒体开始在下半场翻盘。

目前在传统媒体中应用最多的还是 AI 技术，已经渗透到了媒体采编和传播的各个业务流程之中。比如在内容的生产环节，机器人写稿已经在很多纸媒中出现。在国外，福布斯网站、美联社、彭博社、洛杉矶时报等媒体已经在体育、财经、天气等领域广泛实现了"机器人写新闻"。在国内，早在 2015 年 9 月 10 日，腾讯财经第一次用机器人写出了一篇经济新闻报道，开启了国内机器人写稿的先河。此后，新华社、第一财经、南方报业等都推出写稿机器人。此外，虚拟主播也开始登台亮相，2019 年两会期间，新华社和《光明日报》分别推出了 AI 合成主播"新小萌"和"小明"。

机器人在消息、通讯类稿件撰写和播报方面有着更快速的优势。不仅如此，机器人在内容生产的其他方面还有很多的应用场景。比如在内容审核上，人工操作费时费力，而人工智能技术可以快速检索关键词，大大提升了工作效率。当然，眼下机器人还不能取代人，未来也永远不可能完全取代人，但在一些不断重复的机械、标准化的工作上，机器人是完全可以代替人的，这样记者和编辑就可以将时间和精力用在更重要、更有创意的事情上。总之，媒体记者、内容编辑的专业优势和 AI 完美地结合，将会使媒体的内容生产变得更加高效。

人工智能的另外一个应用场景主要在于信息的传播方面。在移动互联网时代，信息的数量已经不再是问题，如何获得有效的信息是个挑战。对于媒体而言，问题是如何向受众精准推荐有效的信息。随着 AI 技术和媒体结合，媒体通过技术手段对用户信息采集、数据挖掘分析等，就可以对用户进行"画像"，实现更精准的用户特征描述，这样就能很好地解决传播对象不确定、不清晰的问题，从而将不同的消息类型进行个性化推送。

在 5G 方面，传统媒体中的电视媒体是最早开始应用这一新技术的。在 2019 年的春节联欢晚会和 70 周年国庆大阅兵上，中央电视台在直播过程中就充分利用了 5G 技术。5G 技术的高带宽、低时延不仅能带来更高画质的视觉享受，还能打破网线光纤的限制，让拍摄录制更自由、更便捷。

云计算也在媒体行业中有着广泛的应用，很多电视台都有自己的私有云。过去一些大型活动都设有专门的记者中心，记者发稿，尤其是发数据量比较大的视频，需要到记者中心连接专门的网线来完成。但在应用云计算技术以后，记者就能随时随地发稿。但总的说来，云计算还是作为一种支撑 5G 和 AI 的底层技术的角色而存在，主要作用是为这两者提供无限的算力。因为有了云计算的支撑，5G 和 AI 才有了充分应用的可能。

5G、AI 和云的结合具有巨大的威力，它使得传统媒体脱胎换骨，成为一种全新的"智慧媒体"。在这三种技术的加持下，传统媒体将在移动互联网的下半场重新焕发活力。

2019 年 10 月 1 日，在长达 80 分钟的庆祝国庆 70 周年阅兵仪式上，59 个方队、1.5 万人、160 余架飞机编队、580 台（套）装备，整齐划一的队形，精确到秒的精准度，让无数人对这次阅兵留下了深刻的印象。这次的阅兵仪式除了阅兵阵容更宏大、武器装备更先进之外，还在直播中增加了更多的科技元素。

这次直播有着四个"首次"突破：首次引入4K主观视角回传，首次对阅兵式进行4K超高清直播并引入电影院线，首次对阅兵式进行多视角直播，首次对阅兵式进行VR直播。而在这四大"首次"的背后，都离不开另一个"首次"——首次在国庆阅兵中应用了5G技术。

中央电视台采用了4K分辨率的高画质标准进行直播。除了普通家庭可以接收到4K信号外，分布在国内十余个省份的70块电影屏幕也同时引入了本次4K直播信号（这也是我国院线首次引入4K直播信号）。另外，本次阅兵还在最佳观看地点部署VR摄像机，为观众提供VR直播服务。只需要一台具有4K解码能力的VR头戴式显示设备，用户就可以观看分辨率高达8K的超高画质VR视频，体验到进入阅兵现场的超真实感觉。

无论是4K超高清直播还是VR直播，都对传输网络提出严格的要求，只有高带宽、低时延的5G网络才能实现实时、稳定的信号回传，保障直播的画质和流畅无卡顿。

所谓的4K"主观视角"，是指电视观众在观看直播时，仿佛觉得自己也是阅兵仪式上行进队伍中的一分子，跟着队伍一路走过长安街、天安门。这是因为数个4K摄像机被设置在行进的花车和自行车上，并通过5G实时回传至中央电视台总台。当花车与自行车缓缓移动时，观众就能够体验到身临其境的代入感。"多视角"是指中央电视台为用户提供了独特的7路视角，涵盖高空与地面，近处与远方。相比"导播让看什么就看什么"的传统模式，多视角观影模式将选择权交给了用户，用户可以自由切换自己关注的内容，从而获得更具个性化的观看体验。

这些技术的实现都离不开华为提供的5G背包。一个小小的5G背包就能让摄影师告别线的困扰，不需要在电视直播之前各种布线，架设光纤，这在过去是很难想象的。本次直播用于5G回传的设备为华为Mate 20X 5G版手机。一部5G手机结合便携式编码器，即可成为非常轻便的5G背包，重量只有3公斤左右，让移动场景下的拍摄更加轻巧与便捷。与之前曾多次应用过的固定或小范围移动状态下的5G回传不同，本次5G回传有多路是在移动状态下伴随花车、自行车走完阅兵行进道路全程，在途中经历了多个5G基站的切换，而高码率的4K超高清视频始终保持着稳定与高品质，这充分验证了5G在连续移动场景下实时传输高码率视频的可靠性。

本次国庆阅兵主要区域是沿长安街从建国门到西单路口，总长5.2公里。为保障现场5G网络稳定、视频直播流畅，中国移动、中国电信、中国联通三大运营商提前进行5G网络规划和建设，并联合华为进行网络调测和优化。5G技术的应用使得这次70周年国庆阅兵直播堪称有史以来最震撼、最精彩的电视直播。未来将会有越来越多的大型直播活动应用5G技术，电视机前的观众们将会享受到更多的视觉盛宴。

NEW
BUSINESS
LOGIC
——

AlphaGo Zero 的胜利意味着人类经验或许不再奏效。AI 完全可以不依赖于人的经验和数据进行进化，寻找到理论意义上的最佳答案。对于企业而言，未来要么"掌握 AI"，要么"被掌握 AI 的公司颠覆"。

04

第四章

启示与展望

第一节　不止云+AI+5G

> 如今我们正在经历第四次工业革命，它不再局限于某一特定领域。无论是移动网络和传感器，还是纳米技术、大脑研究、3D打印技术、材料科学、计算机信息处理、网络，甚至它们之间的相互作用和辅助效用均是此次工业革命涉足的领域，而这样的组合势必产生强大的力量。
>
> ——克劳斯·施瓦布，《第四次工业革命》

如果你有机会在2030年参观一座智能制造工厂，你一定会对自己看到的印象深刻。

一大早，从酒店载着你驶来的无人驾驶汽车准时到达了工厂门口，迎接你的不再是保安，而是人形机器人，因为你已经事先报备了来意，机器人很快就通过人脸识别技术确定了你的身份，并向你发出"欢迎"。

行驶在厂区里，很少会碰见工人。你也许会奇怪，但工厂的大门打开后你就会恍然大悟，这里就是"无人工厂"，流水线上是大大小小的机械臂在来回挥舞，像扫地机器人一样的 AGV 小车纵横穿梭，运输着所需的零部件。

整个工厂的生产制造接入了信息物理系统（cyber-physical system，CPS），它包括设备程序自动化编程系统、生产任务管理系统、生产工具管理系统、生产监控管理系统。简单来说，从下发产品工单到最后成品出库，整个过程的数据都被完整地监测和采集，并通过对这个环节里的各个因素进行控制提高生产率。

之所以能够实现全流程的监测与预警，是因为有无数传感器被布置在了各个设备上，它们采集数据后，经过各自的边缘计算数据盒，进行初步的计算并上传到云里进行存储处理。这样不仅使得全流程都可控，系统还可以通过人工智能算法，对机械故障、产品良率等实时预测，有了这些，工厂管理者可以做到在手机上就看到生产进度、供应链状况等一系列数据。

这个工厂不仅仅可以标准化大规模生产，由于采用了柔性生产线，它还可以定制化生产，3D 打印生产线还可以满足用户各种各样的需求。

产品下线，检测机器人出马，以往这个环节需要凭借工人的眼睛、耳朵和经验，但现在 AI 机器人可以凭借计算机视觉高效地检测出产品质量，即使个别环节实在需要人工，佩戴着 AR 眼镜等设备，工人效率也比现在大大提高。

这是否足够颠覆你对工厂的印象？讲解员为你拆解了背后技术，5G 和 6G 通信技术、人工智能、云计算、物联网、机器人、边缘计算、AR、3D 打印，等等。你会不会嗅出这里的空气到处弥漫着技术的味道，那些机器似乎也在发出自己的声音，互相交谈合作？

我们努力强调 5G、云计算与 AI 的重要意义。未来的生活中还有各种各样的技术渗透其中，这些技术在相加相融后，将会产生更加让人兴奋的裂变效应。

把时间拉回到 2019 年 3 月，"两会"期间，全国政协委员、360 集团董事长周鸿祎总结了一首字母歌——IMABCDE，他认为这是传统产业数字化、智能化升级最重要的几项技术。

在这其中，I 指的是 IoT，万物互联的物联网，有了它的应用，传统产业在业务生产过程中所有的数据才能被采集；M 是 5G 移动通信（mobile communication），两者相加就可以拥有 B 和 D，也就是大数据（big data）；数据经过边缘计算（edge computing），一部分实时决策，更多地上传到云端（cloud computing）；这些数据和算法、算力一起，成为人工智能（AI）的基础，进而优化企业的生产决策，提高效率。

"中国传统企业、制造业做大做强转型升级，不能孤立地用某一项技术，例如只是大数据或者只是云计算。"周鸿祎强调。

无独有偶，中国电信董事长杨杰也总结了产业升级的技术要求"ABCDEHI5G"，大多数解释与周鸿祎的判断相同，不同的是，他将B解释为了区块链（block），同时也加进去了中国电信布局重点之一的智慧家庭（home）。

下面让我们一起来梳理几项有可能对企业组织产生重大影响的技术。

物联网技术

2017年，华为迎来三十岁，这年12月29日，时任华为轮值CEO的胡厚崑发表了一篇新年献词——《致我们的三十而立：构建万物互联的智能世界》。

胡厚崑在献词中对未来做出了判断，"展望未来，5G、物联网、云计算、人工智能等新兴技术迅速走向规模化商用，行业数字化转型正进入深水区，以'万物感知、万物互联、万物智能'为特征的智能社会即将来临。"而华为的主要战略，将聚焦万物互联主航道。

物联网二十年前就被提出，直到5G时代降临，人们才愈发确定万物互联时代即将降临。一个重要原因是在5G具有的高速率、低时延和广连接三大特性中，低时延和广连接侧重强调的就是5G网络将会给物联网带来的机遇和改变。

1G、2G、3G和4G主要解决的是人与人之间的通信。而5G一个重要特征是，它不再局限于通信，它将解决人与物、物与物之间的信息互通问题。因此，有专家称物联网将是 5G 技术的最重要应用之一。5G 时代也被认为是物联网爆发性发展的时代。

说起物联网最初概念的提出者，有人认为是世界首富、微软创始人比尔·盖茨。他在自己的著作《未来之路》中提出，"因特网仅仅实现了计算机的联网，而未实现与万物的联网。"比尔·盖茨在书中想象了一个万物可以与人类连接的世界，但这个想法由于当时技术条件所限，看起来更像是科幻想象，比尔·盖茨的想法并未得到重视。

1999 年，美国麻省理工学院正式提出了物联网，不过在那一时期更多依靠射频识别（RFID）技术和设备，按约定的通信协议与互联网的结合，使物品信息实现智能化管理。

2005 年，国际电信联盟（ITU）正式公布了物联网概念，之后几年它逐渐被美国、中国等国家认可。2009 年 8 月，时任国务院总理温家宝在考察中科院无锡高新微纳传感网工程技术研发中心后指示，在国家重大科技专项中，加快推进传感网发展，同时尽快建立中国的传感信息中心，或者称为"感知中国"中心。这极大地推动了中国物联网产业的发展。

中国信息通信研究院对物联网的定义是通信网和互联网的拓展应用和网络延伸，它利用感知技术与智能装置对物理世界进行感知识别，通过网络传输互联网，进行计算、处理和知识挖掘，实现人与物、物与物信息交互和无缝连接，达到对物理世界实时控制、精确管理和科学决策的目的。

实际上，从字面上就很容易对物联网进行理解，Internet of Things 中，Internet 意味着连接，Things 则包含了人与物、物与物。也就是说，有了物联网，曾经看起来冷冰冰的没有生命的万物将直接可以与人、与物进行沟通。

在国家层面，有关部委出台了多项政策鼓励物联网的发展。2012 年，工信部颁布《物联网"十二五"发展规划》，目标是在"十二五"期内初步完成产业体系构建，形成较为完善的物联网产业链。2013 年国务院发布《国务院关于推进物联网有序健康发展的指导意见》，将物联网作为战略性新兴产业大力发展。2017 年 1 月，工信部发布《物联网"十三五"规划》，明确了物联网产业"十三五"的发展目标。

不少研究机构也发布了关于物联网的研究报告，根据 Business Insider 预测，物联网设备安装数量将在接下来的几年中呈现爆发式增长，到 2021 年将有 225 亿个连接的物联网设备。Gartner 提出，物联网设备将在 2019 年达到 142 亿，到 2021 年将增长到 250 亿，到 2020 年时，超过 65% 的企业和组织将应用物联网产品和方案。

很多企业将发展物联网视为公司重要战略。2019 年 1 月，小米公司正式启动"手机 +AIoT"双引擎战略，并称"这就是小米未来 5 年的核心战略"。未来 5 年，小米将在 AIoT 领域持续投入超过 100 亿元。雷军还巧妙地把 AIoT 称为 "All in IoT"，向外界表达了自己的决心。

而在这一年 11 月的小米开发者大会上,雷军强调了 5G 对于物联网的巨大推动意义,"5G 的行业机会不仅仅是手机,更重要的是,5G 将引领 IoT 真正进入万物的智慧互联网。"在雷军看来,5G+AIoT"将推动下一代超级互联网"。

物联网之所以将迎来新机遇,一个重要因素是处于基础地位的传感器的爆发,它是人与物、物与物相互交流和沟通的基础条件,它的发展将影响物联网行业的发展。据业内预计,到 2019 年,我国智能传感器市场将达到 960 亿元的规模。

传感器正在变得更加普惠,但如果它所需的芯片等器件价格非常昂贵,就无法大规模普及应用,设备没有了"眼睛""嘴巴",没有了互联的功能,自然无法连接成为物联网中的一员。

例如,智能穿戴设备等消费类传感器价格迅速下降,尤其是众多公司进入这一赛道,并且在更基础的 IoT 芯片等领域取得重要进展,都使得传感器价格更加低廉,为大规模部署提供了必要的基础。

另一个推动力来自于 5G 技术普及后传感器的无线化,此前由于对时延、传输速率等的要求,传统的传感器还采用与总线相连的优先布置,这使得传感器组网开销巨大,布网困难,尤其是一些区域无法布置有线网络,这都限制了传感器的使用。

随着 5G 开始建设，ZigBee、Wi-Fi、NB-IoT、LoRa、eMTC 等多种通信技术以及传感器逐渐成熟，具有更高灵活性、可靠性、安全性以及价格优势的传感器件将会大量渗入众多行业的各个环节，这进一步推动了物联网产业的爆发。

相应地，物联网应用越来越广泛，与各个行业相加后将会产生智能交通、智慧物流、智能医疗、智慧电力、智能家居等裂变。

譬如在工业场景中，物联网将是一个非常重要的场景，因此衍生出两个概念——工业物联网与工业互联网。

工业互联网平台面向制造业数字化、网络化、智能化需求，基于海量数据构建采集、汇聚、分析的服务体系，能够支撑制造资源泛在连接、弹性供给、高效配置，有效助力制造企业提高产品质量、生产效率和服务水平，同时降低成本。[1]

在具体的工作场景中，海量的 IoT 设备接入后，将可以在几方面对工业场景产生影响。

首先是原材料采购、库存和销售环节，IoT 设备将使得供应链管理系统更加透明，管理者可以实时获得供应链情况，提高供应链的效率，降低成本；其次，在生产环节，IoT 技术可以对生产线过程进行实时监测，及时预测、发现设备存在的问题，迅速对设备进行维修改进，降低损失或提高生产率；最后，在监控环节，对工厂生产环境进行监测，并进行实时数据上传，与环境设备联网进行调

---

[1] 参见《工业互联网平台白皮书（2019）》。

整，节省监测人力，保证生产环境的可控。

比如中国石化参与发起成立的石化盈科，将燕山石化、茂名石化、镇海炼化、九江石化 4 家企业进行了智能化改造。由于采用了先进的物联网软硬设施，这些石化企业可以采集炼化生产的信息来保障油品质量，优化炼化生产中的化学反应，动态调节炼化过程中原油、燃料、催化剂的用量达到产耗最优；通过大数据分析和机器学习算法，建立设备运行运维经验模型，通过实时监控对重资产设备的非正常状态进行预判，实现预测性维护，降低运维成本，避免非计划停机导致的巨额损失。

数据显示，以上 4 家试点企业的先进控制投用率、生产数据自动化采集率均达到了 90% 以上，外排污染源自动监控率达到 100%，生产优化从局部优化、离线优化逐步提升为全流程优化（一体化优化）、在线优化，劳动生产率提高 10% 以上。

物联网的发展让许多从未接入网络的设备"活起来"了，甚至有科技公司为了满足物联网无处不在的需求，向天空发射通信卫星星座组建宽带或窄带通信星座。在位于中国西部甚至是再向西的"一带一路"沿线国家的高山戈壁沙漠里，工程建设机械也开始被装上传感器，设备运转的一切信息都通过卫星传回设备所属企业的总部，可以实时掌握机械状态，提前进行预测性维修，避免因机械故障延误工期。

茫茫大海也是通信信号黑洞，货主很难掌握从货物发出到买方接收货物的全部运输过程，而未来在低轨通信星座与物联网传感器配合下，每个集装箱都可以被安装上温度、湿度等传感器，货主在手机上就可以看到货物运输到了哪里，集装箱是否被打开过，以及箱内温度、湿度等信息。

传感器日益小型化，越来越多的传感器被植入智能硬件里。如苹果 iWatch 等智能手表、智能手环，集成了加速度传感器、大气压传感器、光学传感器、生物电阻抗传感器、皮电反应传感器等多种传感器，这使得智能手表可以实时监测人体异常情况，如人体心率、行走状况、是否跌倒等。

由于传感器越来越趋向精确，可穿戴设备甚至开始从当初简单的运动健康功能向专业医疗健康领域转型。佩戴相应设备的用户，其健康数据会实时上传到云端。

这些新功能的介入也让一些企业看到了新机会，曾经以制造智能穿戴设备闻名的华米科技，就利用可以获得用户运动、睡眠、心率数据的机遇，推出健康云服务，打造了"硬件＋软件＋服务"的闭环。

智能传感器加入家居家电后，智能家居产业随即出现爆发性增长。当用户即将到家，智能家居产品通过感知，将自动把空调打开，窗帘自动拉开或关闭，灯光调节成主人喜欢的色调。当温度和湿度出现偏差时，智能温度计可以自动调度空调、加湿器等。用户只需要通过语音、手势来操控整个房间里的设备，无须自己动手。

目前，基于 IoT 技术的智能家居产品已经成为家电行业新兴的增长点，也带动整个行业向智能化转型。对于消费者各类数据的掌握与分析，将会使得企业有针对性地设计出更符合用户需求的产品，这将在产品设计研发环节反推给企业。

与此同时，传感器（如智能摄像头、智能车辆、智能信号灯、智慧交通标识、环境监测传感器等）的大量应用使城市变得越来越智能化。物联网也在其中扮演着越来越重要的角色。

比如在自动驾驶的发展中，单车智能越来越显示出其局限性。未来自动驾驶产业的一个非常重要的发展方向就是汽车与万物的交互（V2X），它将使得智能汽车在激光雷达、摄像头等传感器之外，更加精确地获知周围环境的变化。到那时，每一辆车都可以成为网络中的一个传感器，它获得的高清地图等数据将可以与其他车辆进行分享，这将使得自动驾驶汽车做出更精确的驾驶决策。这将彻底改变出行行业，对上游的汽车制造商、汽车出行服务公司也将产生重大影响。

物联网技术的应用让城市管理的方方面面变得更加智能。比如在交通领域，遍布城市的摄像头可以通过视觉识别以及与报警系统联网，让城市更加安全，还能够对城市各个主干道的车流量精准把握，动态调整城市信号灯的运用。

2018 年 4 月，华为在北京市交管局的指导下，对北京海淀区上地三街与上地东路交叉路口的信号灯进行智慧化改造，评估显示，上地三街车流主方向（东西方向）平均延误下降 15.2%，平均车速提升 15%，附近两条支路上的通行效率也明显获得改善，支路的平均延误时间降低了 10%～20%。

此外，物联网技术可以实现城市部件的分类、分项管理，对城市管理问题的精确判断，也让城市变得更加智能。

这或许将产生一些意想不到的影响。例如，通行效率提升，自动驾驶取代人工驾驶，郊区通勤方便，更多拥有一定经济基础的人群可能向城郊扩散，房地产企业评估区域开发价值的方法需要随之进行变革。

区块链技术

提到区块链必然离不开比特币，区块链是比特币的底层技术，曾因比特币一度炙手可热，又因许多人滥发数字货币而蒙尘。但即便是在区块链被公众误解的日子里，不少专家依然选择为它发声。因为在很多人看来，区块链技术本身非常伟大，它可以被用来解决价值网络信用度的问题。AI+区块链的广泛应用，有可能形成新一代商业文明。

从本质上来看，区块链是去中心化、分布式、区块化存储的数据库，是不依赖第三方，通过自身分布式节点进行网络数据存储、验证、传递和交流的一种技术方案。

因此，有人把区块链技术看成是分布式、开放性、去中心化的大型网络记账簿，任何人在任何时间都可以采用相同的技术标准加入自己的信息，延伸区块链。

区块链技术具有几个主要特征：

一是去中心化、去信任化。这是区块链最突出、最本质的特征。区块链技术不依赖额外的第三方管理机构或硬件设施，没有中心管制，除了自成一体的区块链本身，通过分布式核算和存储，各个节点实现了信息自我验证、传递和管理。

二是开放性、共识。区块链技术基础是开源的，除了交易各方的私有信息被加密外，区块链的数据对所有人开放。任何人都可以通过公开的接口查询区块链数据和开发相关应用，因此整个系统信息高度透明。

三是独立性。基于协商一致的规范和协议，整个区块链系统不依赖其他第三方，所有节点能够在系统内自动安全地验证、交换数据，不需要任何人为的干预。

四是安全性。只要不能掌控全部数据节点的51%，就无法肆意操控修改网络数据，这使区块链本身变得相对安全，避免了主观人为的数据变更。

五是匿名性。除非有法律规范要求，单从技术上来讲，各区块节点的身份信息不需要公开或验证，信息传递可以匿名进行。

区块链技术的工作流程究竟是怎样的？以比特币为例可以分为

以下步骤。○

第一步：每一笔交易为了让全网承认有效，必须广播给每个节点（也就是矿工）。

第二步：每个矿工节点要正确无误地给这10分钟的每一笔交易盖上时间戳并记入那个区块（block）。

第三步：每个矿工节点要通过解SHA256难题去竞争这个10分钟区块的合法记账权，并争取得到25个比特币的奖励。

第四步：如果一个矿工节点解开了这10分钟的SHA256难题，他将向全网公布他这10分钟区块记录的所有盖时间戳交易，并由全网其他矿工节点核对。

第五步：全网其他矿工节点核对该区块记账的正确性（他们同时也在盖时间戳记账，只是没有竞争到合法区块记账权，因此无奖励），核对无误，他们将在该合法区块之后竞争下一个区块，这样就形成了一个合法记账的区块单链，也就是比特币支付系统的总账——区块链。

一般来说，每一笔交易，必须经过6次区块确认，也就是6个10分钟记账，才能最终在区块链上被承认合法交易。

区块链在2017年、2018年一度成为中国互联网上热度最高的词之一，之后因数字资产泡沫的破裂而关注度下降。

○ https://www.jianshu.com/p/4f684752087f.

2019 年 10 月 24 日，中央政治局就区块链技术发展现状和趋势进行第 18 次集体学习。区块链技术的集成应用在新的技术革新和产业变革中起着重要作用，企业应把区块链作为核心技术自主创新的重要突破口，明确主攻方向，加大投入力度，着力攻克一批关键核心技术，加快推动区块链技术和产业创新发展。

区块链技术的应用已延伸到数字金融、物联网、智能制造、供应链管理、数字资产交易等多个领域，区块链技术与经济社会结合有几个方向：

- 区块链和实体经济深度融合，解决中小企业贷款融资难、银行风控难、部门监管难等问题。
- 利用区块链技术探索数字经济模式创新，为打造便捷高效、公平竞争、稳定透明的营商环境提供动力，为推进供给侧结构性改革、实现各行业供需有效对接提供服务，为加快新旧动能接续转换、推动经济高质量发展提供支撑。
- 探索"区块链+"在民生领域的运用，积极推动区块链技术在教育、就业、养老、精准脱贫、医疗健康、商品防伪、食品安全、公益、社会救助等领域的应用，为人民群众提供更加智能、更加便捷、更加优质的公共服务。
- 推动区块链底层技术服务和新型智慧城市建设相结合，探索在信息基础设施、智慧交通、能源电力等领域的推广应用，提升城市管理的智能化、精准化水平。
- 利用区块链技术促进城市间在信息、资金、人才、征信等方面更大规模的互联互通,保障生产要素在区域内有序高效流动。
- 探索利用区块链数据共享模式,实现政务数据跨部门、跨区域共同维护和利用,促进业务协同办理,深化"最多跑一次"改革,为人民群众带来更好的政务服务体验。⊖

上述提法覆盖了区块链技术的多个领域,尤其在民生和公共服务领域,具有很强的指导意义。

华为、百度、京东、蚂蚁金服等行业巨头都已布局区块链技术。蚂蚁金服进入区块链领域主要集中在链上金融、链上零售、链上生活三大场景。在其众多的落地场景中,商品溯源、跨境汇款、供应链金融等与电商相关的场景是蚂蚁金服区块链技术的应用着力点。

2018年7月在成都召开的"中国大数据应用大会"上,华为公布了自己专注的四大类九个典型应用场景:数据,关注数据存证/交易、身份认证;IoT,包括新能源点对点交易系统、供应链数据共享、车联网;运营商,涵盖设备管理、多云多网;金融,囊括供应链金融和普惠金融。

区块链技术在融入生产、销售、管理、运维、大数据应用等各个环节后,工厂管理人员可以借助区块链全面监管产品、设备、人员等,并在链上获取相关信息。

在搭建好相应基础设施的前提下,把制造企业的通信网络、

⊖ http://www.xinhuanet.com/2019-10/25/c_1125153665.htm。

ERP 系统、控制模块等连接起来，能够让设备厂商、制造企业和安全生活监管部门长期、持续地监督生产制造的各个环节，从而有效提高产品制造的安全性和可靠性。

在产品流通环节，区块链技术的应用，能够让发货和收货的双方及时了解产品的运输路线和所经站点，这样就能防止产品在运输途中被调包，有效遏止了制假造假的行为。在批量化运输价格高昂的智能机床、智能机器人等产品时，通过在货物上粘贴二维码标签这种一物一码的方式，收货方可以对每个产品进行原产地溯源，从而核对货物信息。

制造业已经成为黑客攻击的第二大目标，安全性正是区块链技术的特征之一。区块链采用了全新的方法来存储信息，任何一个分布式节点发生故障都不会影响到系统整体工作，除非黑客入侵全部节点才能修改数据。且区块链具有不可私自修改、造假等优点，可以防止数据被操纵和篡改。

区块链在国际汇兑、信用证、股权登记和证券交易所等金融领域有巨大的应用价值。将区块链技术应用在金融行业中，可省去第三方中介环节，实现点对点的对接，从而在大大降低成本的同时，快速完成交易支付。

在供应链金融方向，传统供应链中，往往有多层供应、销售关系，但在传统供应链金融中，核心企业的信用往往只能覆盖到直接与其有贸易往来的一级供应商和一级经销商，无法传递到更需要金融服务的上下游两端的中小企业，这就在一定程度上造成中小微企业融资难、融资贵问题。

华为表示，其区块链技术可以实现金融系统进入企业的业务系统，从而实现上下游企业的迅速放贷，在一定程度上解决小微企业融资难问题。

在贸易金融方面，通过记录贸易融资业务的核心单据和关键流程，可以使贸易双方获取真实信息，并借助智能合约快速执行。区块链技术的应用能有效促进市场信任形成，降低企业融资成本。

在政务与司法领域，区块链所具备的防篡改特性可保障智能合约的执行，为智能合约提供运行的平台，有效地帮助客户解决公证、信息记录与业务流程长，单据繁多和信息作伪与易篡改的问题。

例如，目前各个部门分别掌握着不同的公民数据，公安部门掌握户籍与违法行为数据，房管部门掌握个人房屋与土地资料，社保部门拥有公民社保缴纳等数据。发生关联性事项审批时，由于这些数据未上链，不能相互提供数据佐证，各部门不便于联动处理。而利用区块链技术进行数据管理和联动，就可以让相关部门直接实时查询相关数据，通过流程优化实现数据联动，提高政务流程的效率，让民众办事可以"只跑一次"。

在文化与教育领域，比如音乐娱乐产业，大到电影剧本、唱片、IP授权，小到一首背景音乐，甚至是一段素材片段，都会涉及版权。在教育领域，现有的学生信用体系存在不完善、数据维度局限、缺乏有效验证手段、搭建流程复杂,以及信息不透明、易篡改的问题。通过区块链防篡改与可追溯的特性,可对作品进行鉴权,证明文字、视频、音频等作品的存在,保证权属的真实、唯一性。

量子计算与异构计算

2019年10月24日,一篇备受瞩目的论文登上了国际顶级学术期刊《自然》150周年纪念特刊。美国科技巨头谷歌CEO桑德尔·皮猜亲自宣布了论文内容,表示谷歌位于美国加利福尼亚圣巴巴拉的研究实验室已经实现"量子优越性",甚至连美国总统特朗普的大女儿伊万卡·特朗普也发布推特表示,美国已经实现"量子霸权"(quantum supremacy)。

皮猜将这一突破与飞机被发明进行了类比,"莱特兄弟的飞机第一次只飞了12分钟,但它证明了飞机飞行的可能性。"这样的比喻并非过分夸大,谷歌的研究显示,量子计算200秒等于地球传统经典计算机1万年的突破,它证明了起源于近40年前,谷歌为之奋斗了13年的量子计算的确存在实际应用的可能。"就像第一枚火箭成功地脱离地球引力,飞向太空边缘。这一突破向我们展示了什么是可能的,并把看似不可能实现的事物推到了我们面前。"皮猜这样评价这一历史时刻。

量子计算是一种遵循量子力学规律调控量子信息单元进行计算的新型计算模式。在常规计算机中,信息单元用二进制表示,不是处于"0"就是处于"1"。而在二进制量子计算机中,信息单元称为量子位，它除了处于"0"或"1"态外，还可处于叠加态。量子计算机便是利用量子力学中的叠加态原理，最大的特性就是并行性。当量子计算机对一个 n 量子比特的数据进行处理时，实际上是同时对 2 的 n 次方个数据状态进行了处理。正是这种并行性使得原来在电子计算机环境下的一些困难问题在量子计算机环境下变得容易。

有人简单形象地描述量子计算的过程像是进入一个迷宫寻找出口。传统逻辑计算过程中，每当遇到需要选择的路口时，分别尝试左转和右转，走完全部迷宫后得到一个成功逃脱的路径。而量子计算的过程相当于遇到需要选择的路口时，分身成两个人同时走左右两边，一直这样进行下去，每个分身之间信息交流不需要时间，彼此共享是否成功逃脱的信息。只要有一个分身能够找到出口，计算就算完成。

由于量子计算对于传统计算的颠覆性，2011 年，美国加州理工大学的理论物理学家约翰·普雷斯基尔（John Preskill）提出了"量子霸权"的概念。意思是说，当量子计算机在某类问题的计算速度上超越传统结构的最快超级计算机的时候，"量子霸权"时代就到来了。谁夺取了"量子霸权"，谁就掌握了技术制高点，从而就获得了量子计算机的标准制定权和舆论主导权，在产业竞争中就占据了有利的地位。

正因为如此，量子计算领域云集了中国、美国等国家各大科技巨头，包括谷歌、IBM、微软、英特尔，以及华为、阿里巴巴、腾讯等。中国在国家级量子实验室上投入了4亿美元。有学者表示，目前中国与美国以及欧洲相比，存在两三年的差距。

量子计算将在多个领域具有非常广阔的应用场景。首先受到挑战的领域是密码学。此前谷歌和瑞典的科学家发表了一项研究成果，演示了量子计算机如何用2000个量子位来计算。他们证明了如何在8个小时暴力破解2048位RSA密码，而如果用超级计算机来破解这种密码，需要80年。通用量子计算机一旦实现，对目前广泛使用的RSA、ElGamal、ECC公钥密码和DH密钥协商协议都会构成严重的威胁，密码学将会受到极大的挑战。

量子计算还可以应用在天气预报领域，以目前的算力，想要预报30天后的天气可能需要100天的计算时间，这从时间上来看是没有意义的。而使用量子计算之后，30天后的预报可能在几秒钟的时间内就可以完成。

量子计算另一个重要的应用是药物研制。分子动力学是靶向药物等科研领域的必经之路，但巨大的计算量需要使用超级计算机进行，直接导致了药物研发时间动辄10年以上，费用以亿元计算。如果未来量子计算投入使用，时间、费用可能都会大幅下降。另外，在基因测序、天体运行计算、飞船发射等领域，量子计算都可以发挥自己的优势。

不过，科学家们也提示，量子计算目前还停留在实验室阶段，正如皮猜所说，眼下的阶段如同莱特兄弟证明了飞机的确可以飞行，距离成为一架成熟的飞机还有相当长的路要走。有人预测量子计算机真正实现商用可能还需要 10 年。

让我们把目光先转移到现在，看看我们所处的这个时代正在经历着怎样的变化。

首先不得不正视的是一个令人沮丧的事实，人类目前正面临着"算力瓶颈"。简单来说，就是我们的算力提升速度跟不上数据指数级增长的速度。根据 OpenAI 发布的《AI 与计算》报告，自 2012 年以来，人们对于算力的需求增长了超过 30 万倍，其目前速度为每 3.5 个月翻一番，每年增长约 10 倍。而摩尔定律则表明，在价格不变的情况下，芯片每 18～24 个月性能才会翻倍。

机器学习、深度学习、人工智能、工业仿真等对计算性能需求极高的领域崛起后，已经远远超过了传统 CPU 处理器的计算性能，出现了如并行度不高、带宽不够、时延高等诸多限制。

尤其是人工智能领域，众所周知构成 AI 的三大基础是数据、算法和算力，数据和算法都需要充沛的算力进行支撑，否则数据再丰富也没有意义。深度神经网络几十年前就已经提出，但就是受制于算力到最近几年才实现了突破，进而导致 AI 的大发展。

算力瓶颈将会导致多方面问题，比如一个 AI 模型可能需要长时间的运算，又比如上述利用分子动力学的靶向药物的研制将计算时间变得更长，同时也在应用层面上限制了 AI 等进一步发展。

在大众的印象里，以往提到芯片就是 CPU，比如英特尔、AMD 等公司的产品，它具有很强的通用性，适用于复杂的计算，从设计思路上适合尽可能快地完成一个任务。而到了 AI 时代，GPU 扮演了越来越重要的角色，GPU 与 CPU 相比架构差异很大，它最初的任务是在屏幕上合成显示数百万像素的图像——也就是拥有几百万个任务需要并行处理，因此 GPU 被设计成可并行处理很多任务，天然具备了执行大规模并行计算的优势。

打一个简单的比方，CPU 如同一个学识渊博的数学系教授，会解算复杂的方程式，但 GPU 相当于成百上千个小学生，在计算一道复杂的运算时，教授会占优势，而当需要运算 100 个 "1+2=？"这样的问题时，小学生们毫无疑问在速度上占据了绝对优势。

这使得传统的 CPU 集群需要数周才能计算出拥有 1 亿节点的神经网的级联可能性，而一个 GPU 集群在一天内就可完成同一任务，效率得到了极大的提升，进而促成了人工智能的大发展。研制 GPU 的英伟达也因此在过去几年获利颇丰。

但是，单一的芯片也越来越不能适应计算多元化的需求。使用 CPU、DSP、GPU、ASIC、协处理器、FPGA 等不同的类型指令集、不同体系架构的计算单元，组成一个混合的系统，执行计算的特殊方式，被称为"异构计算"，也有人称为"多样计算"。

比如 CPU + GPU 异构计算架构中，CPU 负责逻辑性强的事物处理和串行计算，GPU 则专注于执行高度线程化的并行处理任务

（大规模计算任务）。

"业务与数据的多样性，驱动计算的多样性，这是必然的趋势。没有一个单一的计算架构能够满足所有场景、所有数据类型的处理，我们看到各种CPU、DSP、GPU、AI芯片、FPGA等同时存在，多种计算架构共存的异构计算，是未来的发展之路。"华为董事、战略研究院院长徐文伟曾对媒体表示。

作为解决方法之一，AI芯片研制热潮近两三年迅速在中国涌起，国内甚至出现了几十家AI芯片公司，华为、阿里巴巴、百度等也投身其中。

国内的IT巨头们把解决算力问题作为发力的方向，如华为就从三个平台进行了多样性计算战略布局：基于鲲鹏计算平台，打造面向通用计算的TaiShan服务器产品，应用在大数据、分布式存储、ARM原生等应用场景；基于昇腾计算平台，打造面向AI计算的Atlas系列产品；基于x86计算平台，面向数据中心场景，引入智能加速和智能管理。

2019年9月，华为又对外发布了鲲鹏主板，同时发布了最强算力的AI训练卡Atlas 300与训练服务器Atlas 800，完成了Atlas全系列产品布局，面向训练和推理都提供了超强算力，实现了全场景部署。

毋庸置疑的是，算力的提高将会极大地促进生产力水平的跃升。回过头来再看量子计算，如果在10年后量子计算实现商用，对于人类的计算能力更是颠覆性的升级。一个直观的影响是，人们将非常容易接触到超级算力，同时云计算价格将出现大幅度的下降，每个人也许都有机会在自己的电脑上进行超级计算。

技术底座"大爆炸"

算力的飞升推动着云计算与普通人建立起联系，IoT等技术带来数据廉价且指数级增长，这都为人工智能的发展奠定了基础。

华为、百度、中国电信等提出的"云计算＋人工智能"的思路，使得人工智能算法不再高高在上，变成了人人触手可及的界面，只需要通过在云端简单的搭建，人们就有可能自己用上人脸识别等这些看起来遥不可及的黑科技。AI正在变得普惠，AI正在"让人们用得起，用得好，用得放心"。

另一个技术底座则是5G。由于中国在前四代通信技术上的落后和追赶，大家对于中国公司引领的5G技术投入了巨大的热情。面对西方国家对于中国5G技术的恐惧，任正非表达了自己的观点，"我觉得5G就是一个普通技术，就像信息的'水龙头'一样，它这个'水龙头'就是大一点，放的'水'多一点。怎么把这个'水龙头'当成核弹了呢？"

面对社会的追捧与热炒，任正非也警告，5G在一定程度上被夸大了，"实际上，现在人类社会对5G还没有这么迫切的需要，不要把5G想象成海浪一样，浪潮来了，财富来了，赶快捞，捞不到就错过了。5G 的发展一定是缓慢的。"

在多种因素作用下，中国 5G 建设迅速起步。2019 年 6 月 6 日，中国正式发布 5G 牌照，这比许多预测的时间都要提前，根据各地发布的规划，5G 将迎来加速发展，中国移动 11 月发布的规划显示，到 2020 年计划发展 5G 用户 7000 万户。

5G 刚刚开始部署，6G 的消息就来了。2019 年 11 月 3 日，科技部会同发改委、工信部等组织召开 6G 技术研发工作启动会，会议宣布成立国家 6G 技术研发推进工作组和总体专家组，这标志着中国 6G 技术研发工作正式启动。

根据专家的描述，6G 网络将致力于打造一个集地面通信、卫星通信、海洋通信于一体的全连接通信世界，沙漠、无人区、海洋等如今移动通信的"盲区"有望实现信号覆盖；6G 网络的速度将比 5G 快 100 倍，几乎能达每秒 1TB，无人驾驶、无人机的操控都将非常自如，用户甚至感觉不到任何时延。

不过 6G 技术有可能 10 年后才开始商用。

云计算也迎来拐点，IDC 发布的《全球云计算 IT 基础设施市场预测报告》显示，全球公有云加私有云在 2019 年将超过传统数据中心成为市场主导者。

第二节　拥抱智能化时代

> 数字化时代，时间是什么？记住，时间是当下。现在你要做得最好，这样你才会有未来，现在和未来的时间差变短。
>
> ——陈春花

我们拥有了令人兴奋的技术，也看到了行业先行者进行智能化转型后带来的改变与无限可能，被颠覆的焦虑时刻在提醒我们应该转型，成为行业领先者的欲望也在鞭策领导者尽快行动，迅速投身到以云+AI+5G为代表的"超级智联"的浪潮之中。

但数字化转型的道路如同每一次的深刻变革一样，它需要领导者首先改变自己的思维，同时要应对整个过程中充满的挑战。

智能转型的思维

2019年9月，埃森哲发布的《2019中国企业数字转型指数研究》显示，中国企业的数字化转型已全面展开。逾三分之二（67%）的受访企业将商业技术变革视为未来两年的首要关注点，并表示将坚持为主营业务增加投资，有过半（54%）的企业正在探索新业务增长点。但是，只有9%的中国企业转型成效显著。

尽管有不少成功案例，但中小企业甚至大型企业失败的故事也不在少数。众多失败的案例显示，问题不是出在了具体操作的层面，更重要的问题是出在管理层的思维上。

思维转型第一式：技术公司机会大于产业公司？

过去几年，中国的产业公司一直被焦虑的情绪笼罩。

2013年11月3日，《新闻联播》发布了专题报道"互联网思维带来了什么"，随后互联网思维迅速成为热门词。尤其是在2014年，"互联网手机""互联网电视""互联网金融""互联网汽车"等所谓互联网产品的兴起与势如破竹的发展，以及O2O概念的大热，让秉持着所谓用户至上、免费模式、颠覆式创新等思维的互联网公司看起来无所不能，不断颠覆传统产业和公司。

曾经有媒体报道一名在北京经营超过十年、拥有十几家连锁酒楼的老板在对互联网的恐慌中找到一家互联网餐饮公司的CEO，希望对方收购自己的酒楼。实际情况是，这位老板拥有的十几家酒楼虽然是传统餐饮，但都在盈利，而互联网餐饮公司经营着两家小米粉店，而且不断赔钱。这在当时被认为是互联网的"降维打击"。

进入AI时代，传统企业里再次弥漫起了对于提供技术公司的担忧，认为这些公司将会主导智能转型。但实际上，随着"互联网+"的深入发展，越来越多的人发现技术公司并不是这场变革的唯一主角。当消费互联网的发展潜力日益殆尽，中国迎来了产业互联网发展的新阶段。在产业互联网中，大量的实体企业才是产业智能变革的真正主角。

互联网公司也意识到了这一点，纷纷转变自身角色。比如，腾讯在2018年宣布"移动互联网的上半场已经接近尾声，腾讯将孔根消费互联网,拥抱产业互联网"。腾讯公司董事局主席马化腾正是早期"互联网+"概念的倡导者,也是在这一思维的指导下,早年腾讯提出了要"赋能"传统产业。

但 2018 年马化腾在一次讲话中提出,"赋能"这个词显得有些霸道。技术公司对于传统产业不应该有种高高在上的态度,而应该真正地结合,所以,腾讯之后开始使用"数字化助手"来定位自己的角色,希望做一个助手和工具箱的角色,企业和政府需要什么能力时,就从腾讯的工具箱里挑选使用。这就承认了产业公司在智能变革中的主导作用。

2019 年,马化腾在重庆智博会的演讲中又提出产业竞争由"单打"PK 逐渐变为"双打"比赛——实体产业的竞争不再是单打独斗,各个实体产业正在与信息产业结合,形成新搭档来参与竞争。

再好的技术归根结底都需要产业的需求和支撑。近几年兴起的 AI 公司都曾面临一个自己的技术在什么场景落地的难题。正因如此,很多 AI 公司成长后都会主动寻求与实体产业合作,甚至谋求来自于这些组织的战略投资,以期获得为它们服务的机会。

在移动互联网时代,互联网公司把大部分消费产业都进行了改造升级,而随着 5G、云计算、AI 等智能化技术的成熟,所有的产业也会迎来重新做一遍的机会。在这个机遇与挑战并存的战场里,产业公司须意识到,自己才是这场变革的主角。未来的时代将会是需求牵引技术发展,技术驱动产业升级。

思维转型第二式：智能化转型需要领导者亲自操盘？

"找人、管钱、定战略"被认为是组织领导者最重要的三件事，越来越多的管理者抽身于具体事务，从大的方向上控制组织的发展。那么，企业智能化转型的具体事务，是否需要一把手亲自主导？

实际上，任何一场转型都是一个痛苦的历程。对于组织中的每一个人而言，既有模式和环境带来了安全感，因此在他们内心深处会抵触变化。企业的领导者更是如此，作为企业的掌舵者，降低风险是一个重要的命题。而企业的真正改变依赖于领导者思路的转变。

数字化转型首先要改革"一把手"。只有领导者的思维变了，企业才能更好地转型和升级。

在云计算行业，"上云是一把手工程"已经成为一个共识。企业上云牵扯到客户、生产经营、决策体系、人力、财务等各个方面，也会触及已有的利益格局，没有一把手的大力推动很难实现。

领导者如果不能深刻地理解采用云+AI+5G的重要性和必要性，而是人云亦云，将会导致多方面的问题，包括没有必胜的信心，在受到阻力时就选择放弃或者转向，进而导致在后续众多的冲突中选择放弃，使企业的数字化转型失败。

思维转型第三式：数字化转型不只是IT层面的升级革新

在数字化转型中，组织领导者最容易看到的内容是企业对于传统IT基础设施的升级。但对于云+AI+5G即将带来的智能化革命，传统的 IT 基础设施已经显示出其局限性。比如在应用 5G、IoT 等技术后，企业在各个环节产生的数据将会被记录下来，这将给企业存储与分析数据带来新的巨大的挑战，传统的扩充数据中心的方法将不再有效，相应地，对企业上云的需求就变得非常迫切。

此外，随着 AI 技术变得通用化和普惠化，越来越多的组织利用 AI 实现降本增效，将会倒逼企业不得不采用 AI，这就形成了要么现在主动采用，要么之后被迫采用的局面。如果在这样一个个浪潮之中处于被动的姿态，企业将会被无情地淘汰。

新一代信息技术不仅是企业的数字基础设施，而且对企业的组织管理提出了不断升级更新的需求。当组织的成长滞后于技术时，就要求这个组织走向更高的开放，成为全社会协同经济中的一部分，积极接纳外部团队和技术，同时完善数字化转型的进程。

总而言之，IT 技术的升级是必要的，它也是组织进行数字化转型的基础，但这只是其中的一个环节。如果"一把手"只关注 IT 变革而忽视了业务变革，就变成了舍本逐末。

思维转型第四式：数字化转型存在一个通用方案吗

今天新技术不断爆发，组织机构面临巨大的数字化转型压力，交流学习成为很多领导者的选项。看到许多公司采用 5G、云计算、AI 等技术取得的成绩后，有些人会下意识地认为，照搬一个通用性的解决方案，或许可以复制成功经验。

实际上，任何一个组织机构的情况都很复杂，所面临的内外部环境千差万别，这决定了每个企业在运用5G、云计算、AI等技术时，要根据自身情况选择不同的路径。

每个组织都要明确自己的需求点是什么，以此来决定5G、云计算与AI运用的优先级别。比如，一些企业想要应用AI技术，必须有足够多的数据训练AI模型，但如果企业的数据不足、数据质量比较低，首先需要考虑的是将数据进行整理整合，否则很难谈到智能。企业上云的一个很重要的目标就是将数据进行归集，在这种情况下，上云的优先级就要提前，之后再导入AI，加强5G的运用。

当然，也存在不同的操作可能。例如在医疗领域，5G的低时延特性带来的一个重要应用就是远程手术，因此一些医院可能率先布局5G，抢占新的技术高地。也有医院希望引入AI辅助诊断、语音输入病历等，这种情况下也有可能通过AI来带动数字化转型。

智能化转型的挑战

正因为在采用云+AI+5G进行数字化变革的过程中充满了误区，组织的管理者不得不面对各种各样的挑战。这些挑战关系到整个数字化进度的成败，因此企业的组织者必须了解这些可能的挑战。

挑战一：在领导层达成变革共识

能否意识到"一把手"工程的重大责任，能否将自己的重视上升为整个组织的共识，是组织管理者在面对数字化变革时两个重要的挑战。

对于大部分组织领导者而言，5G、云计算和AI技术都是全新的事物，想要将其作为数字化变革的重要支点，首先要对这些技术有一定的认知。这对于很多管理者而言是一个不小的挑战。

不过，作为统领全局的一把手，不一定需要精通技术，而是需要理解技术变化和趋势，以及随之而来的市场、消费者和业务上的变化。这同样给企业的CIO或者IT部门的领军者提出了很高的要求，他需要在精通新技术的情况下，打通技术与业务的逻辑，这样才能把领导者的想法跟新技术很好地嫁接起来。

超级智联时代，"云+AI+5G"为代表的智能技术将会渗透进组织的每一个部门、每一个岗位和每一个流程。这意味着每一个人都将成为变革的一部分，如果组织无法达成共识，变革就将遭遇到意想不到的阻力。

好在过去几十年，很多优秀企业的转型实践都为此提供了范例。比如2018年万科进行管理大变革时，探讨顶层的共识就成为重要的一部分。在万科集团董事局主席郁亮看来，领导者仅强调自己的想法没有意义，"如果没有形成共识，大家不朝一个方向使劲，一定会出问题。"

在组织的共识中，不仅包括了对于数字化变革重要性的认识，也包括对于变革的步骤、路线图以及新变化带来的新流程、新利益格局等方面的认知，甚至是数字化变革成败的共享共担，这将成为变革的基础。

挑战二：数字化人才缺乏

全新技术的融合和应用意味着企业需要大量理解并掌握5G、云计算、AI、IoT等前沿技术的ICT人才。计世资讯和华为联合发布的《中国ICT人才生态白皮书》显示，中国ICT领域人才结构存在极大短板，人才缺口大且人才标准不断提升，原有岗位人员缺少培训成长机会与空间。

5G、云计算与AI是目前最为热门的新技术领域，热门就意味着有大量的关注、大量的资金存在。目前在国内，AI人才昂贵已经成为一个不争的事实，"招不起"成为很多组织难言的痛。据媒体报道，2017年AI领域应届博士生的年薪达到50万元，而到了2018年应届博士生的薪资已经高达80万元。

请还是不请，这是很多传统企业必须考虑的问题。内部培养在很多企业看来是一个不错的选项。该做法的优势在于，内部人士熟悉企业业务和氛围，了解数字化基础和推动难点，更有利于推动数字化变革。不过相应的问题是，内部培养成长的速度能否跟上技术日新月异的变化？"一个靠谱的工程师顶100个"，内部培养出这样的人才非常重要，而一旦将其培养成优秀人才，如何留住他就变成下一个问题。

外招人才同样存在薪水问题。企业能不能出高薪从外面招来人才，招进之后如何平衡新人与老人的薪酬差距，让很多领导者头疼，处理不好甚至有可能导致组织的小型危机。另外，空降人才能否在利益错综复杂的变革中担当大任，同样要打一个问号。

更重要的是，数字化转型最重要的不是IT人才，而是既熟悉业务也熟悉IT的复合型人才。找到这样的人才，对于企业而言非常不易。

不过，有一些领先企业已经注意到数字化转型人才的短缺。华为在2018年提出人才生态战略目标，计划在未来五年实现"双百万"：面向企业，助力客户数字化人才转型100万人；面向个人，为行业输送ICT新技术人才100万人。

挑战三：高投入、长期性

数字化转型的投入是一笔不小的支出。此前有报道显示，华为在这方面每年投入约150亿元，约占年收入的2.2%。始于2012年的美的数字化转型，到2018年年中投入已超过100亿元。企业的数字化转型伴随的是持续高投入，这些投入很难在短期内见到效果。决策者面临的困境是，眼下加大投入却要在很多年后才可能得到可观的回报。比如华为内部数据平台从2008年开始建设，每年都进行小的改进，才能在今天取得不错的成效。

IDC 将数字化转型设定为一个"十年的旅程",可以分为入门、探索、加速、优化、颠覆五个阶段。从长远来看,数字化转型是一项需要企业倾尽全力的事业,以技术驱动业务变革,以业务创新促进技术进步,要实现良性循环,就需要从战略、文化、组织、人才等多维度全力推动。

因此,决策者需要做好这样的心理准备:数字化是一个缓慢的过程。这对于很多央企、国企,以及政府部门、事业单位的领导而言将会带来不小的压力,高投入却很难短期见效,收益较难评价,况且,他们所需要的资金都需要按照严格的程序审批,如果见不到效果,市场、员工和主管单位的反馈不好,将会对数字化转型带来影响。

对于为数众多的传统企业而言,如果企业的净利润率本身就不高,下定决心投入数字化转型和智能化变革上来,尤为需要魄力——在目前的经济状况下,竞争越发激烈,成本不断上升,需要用钱的地方有很多。

2019年9月,《2019中国企业数字化转型及数据应用调研报告》显示,数字化转型投入超过年销售额5%的企业占比14%,近7成企业的数字化转型投入低于年销售额的3%,其中42%的企业数字化转型投入低于年销售额的1%。这表明,中国企业目前在数字化转型中的资金投入与预期规模存在明显差异。

挑战四：组织、流程与企业文化的变革

即便在企业平稳发展阶段，组织、流程和企业文化的变革对于管理者而言也是一项艰巨的任务，而数字化转型涉及所有部门的变革，每个部门又都有自己的利益，因此在推行变革时就难上加难。

对于企业数字化转型来说，首当其冲的是组织变革。因为战略决定组织，既然把数字化上升到战略层面，就需要通过组织变革对这一战略变化进行承接，否则将无法实现既定目标。

美国麻省理工学院斯隆管理学院数字经济首席科学家乔治·韦斯特曼（George Westerman）提道，"技术变化很快，但组织变化却慢得多，这是数字化转型的第一定律。"这个定律解释了为什么数字化转型更多的是领导层的挑战，而不是技术难题。因为大型企业组织要远比科技复杂得多，因而它们更难以管理并做出改变。

流程再造也是数字化转型的重要内容，云+AI+5G技术的应用将会打破传统的流程，可能会带来一些岗位的重新调整，当事人能否接受这一变化，积极参与流程的变革，通过学习掌握技术带来的优势，而不是消极和抵触，非常关键。

比如，在一些企业的产品设计流程中，产品或项目经理通过自己的经验和调研设计产品，之后再通过其他部门推广，但引进新技术后，大数据、AI等将可以在产品设计前就预测出市场的接受程度，进而影响产品的设计与运营。那么，这一环节上的人能否接受自己的经验被挑战呢？根据大数据研发出来的新产品市场反应不佳时，谁又要为此担责呢？

同样要改变的还有企业文化，运用"云+AI+5G"的数字化转型是一个长期的过程，改变有可能持续不断地发生。管理者能否打造出一个让所有人拥抱变化、容忍失败的企业文化，也对数字化转型能否成功有着重要影响。

智能化升级建议

如前所述，企业选择拥抱 5G、云计算与 AI 是如此重要，它需要成为公司的"一把手"工程，同时向智能化转型的路上充满了挑战和不确定性，因此，有些问题需要企业的领导者在智能化转型前就有所准备。

第一个建议：领导者必须清楚转型的初心

在采用云+AI+5G 技术时，在项目开始前以及进行中，企业的领导者需要反复问自己几个问题：我们到底为什么要进行智能化转型？我们想要达到的目标是什么？我们拥有哪些资源？

这些问题，领导者和管理层必须搞明白，而且必须达成共识，否则很难找到转型的切入口，也很难取得智能化转型的成功。

例如云计算方面，大部分企业上云是因为 IT 系统及基础设施的更新换代、IT 成本居高不下、资源利用率低、IT 资源管理困难、安全程度低等。这就要求考虑企业 IT 现状、企业发展现状等因素，制定个性化的上云策略。最重要的是不要为了云而上云,不要因为别人用了 AI,自己也要用 AI。

企业转型必须清楚自己转型的痛点到底是什么。几乎所有企业内部、外部都有痛点,需要甄别哪些痛点在业务流程中产生了串联反应并通传到最终的业务指标上,然后把孤立的各部门痛点按照业务逻辑的因果关系梳理成痛点循证链条,从而形成清晰的业务流程透视图。

在业务流程透视图上,各个节点对应的叠加企业信息化系统采集数据,形成的数据流,则是数字化转型的基本前提。这种具备业务逻辑架构的数据流完美实现了从企业组织架构/业务单元的静态结构到业务运转动态协作的映射,帮助企业按图索骥,定位并量化各个痛点循证链条的因与果,从而判断哪些痛点具备用数字化技术解决的可行性。

第二个建议:对企业数字化程度进行评估

这其中包括企业数字化成熟度评估。对于中国企业来说,在数字化转型道路上大部分尚处于入门探索阶段,合理评估数字化转型成熟度,利用技术红利有效实现转型成为企业新课题。

IDC 根据数字化转型的成熟度将其分为五个阶段,第一阶段是单点试验,是数字化入门者;第二阶段是局部推广,是数字化探索者;第三阶段是扩展复制,是数字化组织者;第四阶段是运行管理,是数字化转型者;第五阶段是优化创新,是数字化颠覆者。

从入门到颠覆，企业需要历经数字化转型之路，并非一蹴而就，而其成功的关键在于企业用户如何借助旧 IT 逐渐过渡到新 IT，以更为先进的数字化技术与商业模式为基础，来构建自己的生态环境，实现业务持续创新。

华为提出了一个数字化成熟度模型来度量一个公司的数字化程度，这个模型叫 ODMM（open digital maturity model），它的设计遵循 MECE（mutually exclusive collectively exhaustive，相互独立，完全穷尽）原则，将组织的数字成熟度与六个顶级维度进行对比：战略决心；以客户为中心；数字文化、人才与技能；创新与精益交付；大数据与人工智能；技术领导力。ODMM 的层次结构如图 4-1 所示。

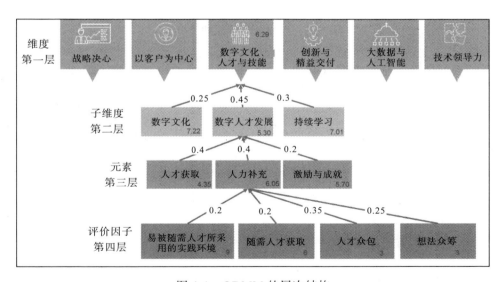

图 4-1　ODMM 的层次结构

在 ODMM 中，第二层有 18 个子维度，第三层有 68 个元素，第四层有 165 个不同的评价因子。ODMM 的维度和子维度如图 4-2 所示。

图 4-2　ODMM 的维度和子维度

例如第一个维度战略决心，包括了三个子维度：数字愿景、商业敏捷、财务与投资模型，子维度包括以下几种元素（见表 4-1）。

在理想情况下，成熟度评估由经过认证的独立顾问进行。通常一个领域专家负责一个维度。评估师针对正在评估的维度层次结构中的每个评价因子，对目标组织进行评级。每个评价因子的得分由领域专家根据观察到的证据确定，这些证据通常通过实地考察和与主要员工的访谈获得。

表 4-1 ODMM 二层子维度和三层元素示例

子维度	元素
数字愿景	组织已经勾勒出了一个可靠的数字化愿景和战略，并明确了其打算在数字生态系统中担任的角色
	高管层对现有产品/服务的商业潜力具备清晰、实际的认识，并在精心考虑和讨论一致后就需要向新的平台和服务模式进行转变的领域形成了具体计划
	组织利用开放和发展性的方式与其传统关系网络以外的玩家建立合作关系，从而支撑该组织的整体战略
商业敏捷	组织协调资源、流程和组织结构，以快速有效实施其战略
	制定合适的投资决策并发布相关策略来有效管理数字服务投资组合，从而加速对数字实践和数字技术的应用
	数字能力被广泛、合理地整合在组织整体战略中，同时不断维护必要的传统实践并与之协同
财务与投资模型	组织的财务战略使能长期伴随一定风险的战略投资，从而支撑组织整体愿景的实现
	组织运行较为灵活的预算制定流程，从而使得数字化转型项目能够被及时评估并获得投资，最终确保项目的潜在收益与组织战略协同一致

根据 ODMM 指南和自己的专业知识，评估师需要在 0～10 分的范围内对每个评价因子进行评分。评估师可以将评价因子的分数输入由 Open ROADS 社区运营的 ODMM 在线工具中。输入所有评价因子的分数后，ODMM 在线工具将自动为每个维度生成数字化成熟度分数，以及包含所有 6 个维度的整体数字化成熟度分数。模型中每个节点的得分是根据其子节点中得分的加权求和计算得出的。

参考图 4-1 中的示例，评估员在评价因子层级打出的分数为 9、6、3 和 8，加权得出元素的得分为 6.05。此元素分数与同一子维度下的其他元素分数一起得出该子维度的加权得分为 5.3，最终计算出数字文化、人才与技能维度得分为 6.29。

第三个建议：充分评估组织和绩效体系

IDC 认为未来数字化转型将面临五大挑战：一是陈旧的考核体系，数字企业需要新的度量标准来了解进度和引导投资。如果考核体系不变，企业很难实现数字化转型。二是孤立的组织架构，缺乏跨业务部门的协调能力，公司的潜能不能最大化，变革的速度也受限。三是短视的战术规划，公司缺乏明确的战略转型和投资路线图。四是有限的数字化经验技能，决定了企业难以培养新的能力。五是不足的创新协作，有太多的举措且涉及太多的技术提供商，组织必须关注数字平台，以优化资源和更快地进行创新。

事先对于组织这些方面进行评估，并且建立相应的组织和考核指标、企业文化，有助于企业有针对性地准备企业转型中可能面临的问题。

第四个建议：从最容易见到效果的地方入手

企业的智能化转型是一个涉及各个业务和流程，并且需要长时间巨额投入的变革。领导者需要注意转型的策略，从最容易见到转型效果的地方入手，这样在一个个小的胜利中不断凝聚锻炼团队，有助于减少改革的阻力，获得转型所需要的领导层和经费支持。

有建议认为，在云+AI+5G 这三项技术当中，应重点从 AI 入手，因为 AI 的使用可以让企业第一时间见到效益，AI 用起来之后就需要更多的数据，带动 5G、IoT 等进入，数据大量产生后又需要云计算，这样可以顺理成章地进行云 +AI+5G 的转型。

不过也有意见认为，转型并没有一个固定的范式，着手的角度应该是企业的痛点，比如如果企业当前的痛点是 IT 基础设施无法满足快速增长的业务需要，那就需要首先引入云计算。

在进行智能化转型时一定要找到痛点，无论是外部客户应用还是内部用户应用，要从解决这些痛点和问题入手。问题并不意味着错误，由于新技术的采用，把这件事情做得更好也是一种问题，如果不是从痛点和问题入手，很多转型项目最后会不了了之。

另外要小步快跑，快速迭代。在转型的过程中，不要一步迈得太大，刚开始就通盘全面改革，很容易失去重点和团队支持，但在改革中要快速向前推进，快速地迭代。

第三节　飞驰的未来

任正非提出，"未来信息社会会蓬勃发展，超过前工业社会的发展规模。这时世界出现了各种各样的看法是可以理解的。一个新生事物出现，我们还不能预测这个新生事物的未来可能是什么样子。而且这个新生事物有着我们过去从未想象到的广阔、深厚和波澜壮阔。"

数字溢出与被低估的数字经济

2019年乌镇世界互联网大会上,诺贝尔经济学奖得主、纽约大学教授迈克尔·斯宾塞(Michael Spence)努力地宣扬一个观点——仅以经济增长或生产率做指标,难以反映数字经济对社会的影响,应该持有一个更权衡、更中立的态度,以多维度对数字经济进行衡量。

斯宾塞的担忧并非多余,在过去计算机产业发展当中就曾遇到过这个难题。20世纪80年代,计算机产业蓬勃兴起,继而给整个世界带来巨大的改变,曾在卡夫(Kraft)、施乐(Xerox)、美国国家航空航天局等机构担任过CIO的保罗·斯特拉斯曼(Paul Strassman)希望找出企业的IT投资和绩效之间的关系,但他通过对290家公司的研究意外发现,这两者竟然没有关系。在当时,福里斯特调查公司、麦肯锡等得出的结果,与斯特拉斯曼的结论相似。

诺贝尔经济学奖得主罗伯特·索洛将这一现象总结为"索洛悖论"(也称为生产率悖论),他不禁感叹道:"计算机无处不在,只有在统计数据中例外!"

专家学者在后续研究中发现,"索洛悖论"之所以存在,一个重要原因就是测度存在问题,没有把投资计算机产业为企业带来的无形资产的增加、新业务策略、新业务流程等变革考虑其中,这同样让企业获益匪浅。

在 2018 年出版的《数字溢出：衡量数字经济的真正影响力》中，牛津经济研究院首席执行官阿德里安·库珀（Adrian Cooper）也提出数字经济的效益和价值没有真正被衡量，为此，他的团队提出了一个新的衡量数字经济规模的概念——"数字溢出"。"若技术加速了企业内部、行业内部以及跨行业上下游供应链之间的知识转移、业务创新和业绩提升，并对经济产生了持续影响，就会出现数字溢出。"

这种溢出体现在三个主要渠道：首先是内部渠道，企业内部的不同部门充分利用数字技术，扩大技术投资的初始受益；其次是水平渠道，其他企业通过模仿某一企业的创新，从而在整个行业的范围内提升生产力；最后是垂直渠道，即数字产品和服务生产力的提升，沿着供应链从生产者向上游行业和科技提供商以及下游行业和最终用户溢出，最终提高整个供应链生产效益和用户体验。

通过这种研究方法，牛津经济研究院发现在过去 30 年中，数字投资每增长 1 美元，都将撬动 GDP 增加 20 美元。而非数字投资的平均投资回报率仅为 1∶3，也就是说，就每 1 美元的平均回报率而言，投资数字技术比投资非数字技术高 6.7 倍。

"数字溢出"的概念揭示了这样一个事实，我们很有可能低估了技术投资带给我们的好处，它也许在账面上没有显示出好看的数字，但它的确改变了公司以及行业。只有意识到这些溢出的存在，面对即将到来的智能化时代，政府和企业才会加大对于 ICT 技术的投资。更为重要的是改变数字经济的统计与考核方式，这将使政府和企业数字化、智能化的投入得到更加合理、公平的测量。

好消息是，这一问题被越来越多地谈及，斯宾塞也警告，将数字经济作为衡量经济发展的重要指标已经很迫切，"如果不尽快实施，很可能会导致发展在前进中出错"。

AI 会带来什么

2017 年 9 月 6 日，美国众议院一致通过了一项关于无人驾驶汽车的提案，它的内容是大幅加速无人驾驶汽车在美国的发展。值得注意的是在这个提案当中，超过 10 000 磅（4.5 吨）的重型卡车暂时不作为政府鼓励使用自动驾驶技术的对象，而这正是拥有全美 140 万卡车司机会员的卡车司机国际兄弟会几个月游说的结果。

几个月后，卡车司机国际兄弟会又向 UPS（联合包裹速递服务公司）递交了一份长达 83 页的文件，其中一项核心要求是在运输、分拣、配送等环节上，不能使用无人机、无人驾驶卡车及其他新技术。

接连的游说与抗议背后，正是美国卡车司机们的巨大焦虑。随着无人驾驶技术的发展，科技公司越来越清晰地勾画出这样一幅未来场景，无人驾驶卡车以更高的效率、更低的事故率以及更低的成本日夜不休地穿梭于公路网中，它们甚至可以几辆组成编队，在公路上像火车一样前进，而曾经的主角卡车司机则成了失业者。

2017 年 5 月国际运输论坛（ITF）发表的一份报告预测，在美国和欧洲的 640 万卡车司机中，有 440 万会被无人驾驶技术淘汰，也就是说每 3 个卡车司机中就有两个会失业。

尽管卡车司机们的抗议被暂时采纳，但谁都知道大势已经不可逆转。如同工业革命时期捣毁纺织机阻止机器侵占自己工作的英国纺织工人一样，机器代人的浪潮终将把他们淹没。

然而，卡车司机们并不孤单，除了他们，还有流水线工人、收银员、客服、翻译、理财顾问等都面临着失业危机。AI 不仅将取代人类从事简单重复的工作，甚至在尝试替代部分创造性活动，后者的确正在发生，比如微软亚洲研究院的人工智能微软小冰，已经尝试担任诗人、画家，甚至面料图案设计者。

被称为"AI 布道者"的创新工场创始人李开复 2018 年时预测，在 10 年后，人工智能将取代世界上 50% 的工作，而当 AI 时代到来，"90% 的人会失业"。国际货币基金组织 2018 年发布的报告显示，包括 AI 在内的新兴科技将让全球 30 个国家和地区的 2600 万份工作消失。

当然也有乐观的声音，百度创始人李彦宏认为"AI 将帮助人类，而非取代人类"。苹果公司 CEO 蒂姆·库克表示，"人工智能并不可怕，可怕的是人像机器一样思考。"更为广泛的观点是，AI 在取代一部分人类工作时，将会创造出新的岗位需求，就像第二次工业革命时期汽车代替了马车，马车车夫失业，但出租车司机应运而生。

危机背后即意味着机遇。科尔尼全球商业政策委员会 2019 年 11 月发表的《未来五年五大商业趋势》预测，"未来五年，国家和企业层面的劳动力再培训投资都将持续增加。不投资员工再培训的企业与投资员工再培训的企业之间竞争力差距将持续拉大。"

据世界经济论坛预测，到 2022 年，全球一半以上的劳动力需要接受再培训。未来五年，与教育机构和大学院校合作建立内部再培训计划的公司将成最大赢家。而在未来十年可能失业的 140 万美国人中，有 95% 能够转到需要类似技能且工资更高的新岗位上，这将需要 340 亿美元的投资。

其实，人们感到恐惧的是，"这个世界是天堂，但是我生活在地狱。"世界物质极大丰富，但"贫富分化"让人恐惧。

华为产业战略与政策部部长李力认为，未来的事情我们很难去预测。目前还有很多事情是机器不能替代的，至少是这一轮人工智能替代不了的，譬如创造性的、情感性的东西，精神层面的价值是不可替代的。人们希望和真正的、有情感的人互动，有人际连接，有自我存在感。这些又会催生全新的精神享受服务业（或者其他服务业）。将来每个人都是生产者，每个人本身就是价值，每个人都有机会去塑造他独特的价值。他不需要做任何事情，因为他是独特的。

"这种新型的经济到底是什么，我们没办法预测，也不知道将来是如何进行交易的。我们现在的世界主要还是基于物质的，哪怕是衣食住行的服务业，包括电信业，本质上还是基于基站。但是，真正的精神享受是另外一个层面的东西，那些东西是机器无法替代的，会催生一种全新的经济，那种经济的规模可能百倍、千倍甚至万倍于物质经济的规模。那时可能是一个完全不同的文明的状态。"

在这种情况下，更多的是人和机器的协同、不同实体的协同，进而打造一个人人受益的社会，而不是贫富绝对分化、互相伤害的社会。

重新塑造企业

20年前，有一位学生找到陈春花教授，希望可以优化企业的管理。陈春花教授问他的企业有多大，答案是只有两亿元销售额。陈春花教授说："你的规模不够，不需要承受那么多管理理论，你承受得越多，成本越高，你就'死'掉了，也把我'伤'了。"

两人约定等企业做到15亿～20亿元规模时再见面。15年后，这位学生打电话给陈春花教授："老师，我买好机票要去见您了。我的企业，今年的销售额会超过20亿元。"

陈春花教授告诉他："不用来找我了，今天企业的规模不重要了，即便企业超过了20亿元也不用找我。"

学生问："老师，那今天什么重要？"陈春花教授说："你要告诉我，你跟谁合作，你怎么跟顾客在一起，你未来整体的驱动和员工的激励怎么做，这个最重要。"

通过这个故事可以说明，数字化转型起码彻底颠覆了三件事：第一，产品生命周期变了，迭代速度更快；第二，争夺客户窗口的时间会更短，不再会有忠诚的顾客了；第三，企业的生命周期变了，会有企业断崖式地跌下去，也会有企业成倍数地快速增长。

陈春花教授认为，过去几年中，企业面临的最大变化和挑战就是数字化对整个组织发展和成长的推进，以及全新展示所需要的一些新能力。不同的企业和组织都在找寻自己的数字化转型方向，其中最根本的是组织自己本身的改变。

数字技术（互联网技术）让组织本身的功能角色以及发展路径都有了巨大的调整，其中最根本的调整变化是"赋能""共生"和"协同"。只有真正具备赋能能力，具有更多成员共生能力，以及与成员协同效率的组织，才能在未来的发展当中，找到自己的价值并获得持续的成长。

实现协同管理要做好以下六件事：一是要重构企业边界；二是要建立一种全新的信任关系，即基于契约的信任；三是要和别人做协同，首先内部应该协同；四是要实现组织外的协同；五是要有一个价值协同的取向训练，也就是企业自己要有价值取向来做协同；六是要有一种协同管理的行为。

未来，企业的变化可能会超出我们的预期，因为智能的变化很可能超出我们的预期。

2016年战胜世界围棋冠军李世石后，AlphaGo在2017年被

AlphaGo Zero 击败。打败李世石的 AlphaGo 用了 3000 万盘比赛作为训练数据，AlphaGo Zero 仅用了 490 万盘比赛数据。经过 3 天的训练，AlphaGo Zero 就以 100∶0 的比分完胜对阵李世石的那版 AlphaGo。

尤为值得注意的是，AlphaGo Zero 完全不再使用人类数据，它利用了一种新的强化学习方式，在这个过程中，AlphaGo Zero 成为自己的老师，自己和自己下棋，在它自我对弈的过程中，神经网络被调整、更新，以预测下一个落子位置以及对局的最终赢家。

这意味着人类经验或许不再奏效，AI 完全可以不依赖于人的经验和数据进行进化，寻找到理论意义上的最佳答案。对于企业而言，未来要么"掌握 AI"，要么"被掌握 AI 的公司颠覆"。

有学者认为企业在 AI 时代逐渐展现出"赢者通吃"的特性：企业拥有全量数据，进而拥有人工智能，得到用户的喜欢，获得足够多的用户，转而积累更多数据，优化出更受用户欢迎的产品，拿到更多的数据，形成一种良性循环，进而形成"马太效应"。

被时代塑造，或塑造时代，所有企业都站在这样一个时间原点。大时代会造就大机会，而只有那些抓住机会、超越自身进化的企业，才能变得更强。

后　　记

　　人类社会正进入一个新的时间点，全世界迎来新一轮技术革命和产业变革。在这个时刻，策划出版《聚裂：云+AI+5G的新商业逻辑》可谓恰逢其时。

　　这次革命中，物联网经过十年发展，即将迎来新的爆发；云计算作为一种普惠性技术，已成为助力政府和企业数字化转型和智能化升级的基础条件；人工智能不仅是新的知识生产工具，还将彻底改变人们的生活方式；5G大规模商用的经济价值不仅体现在移动通信产业本身，还将造福其他各行各业。

　　随着消费互联网的兴起和逐步深化，互联网已经进入下半场，产业互联网大幕开启。数字经济发展重心也从消费端倾斜至产业端，产业端对于底层基础技术、全局优化协同、地理、时间等方面有更严苛的要求，也能做到更细小的颗粒度。

　　数字经济正在塑造未来世界的样貌。

　　在本书撰写过程中，我们对制造、交通、能源、物流、基因、

后　记

娱乐、政务、媒体等产业进行了广泛调研，总结了大量实践经验，研究了企业数字化转型面临的问题和智能时代的战略抉择，通过对多位通信、云计算、人工智能、市场调研领域的专家访谈，形成了许多共识。

在这些共识的基础上，我们提炼出了新的商业逻辑：云计算、人工智能、5G 成为经济社会发展的新引擎，这些使能技术聚合为技术底座，进而引发产业裂变，使能千行百业。

在完稿之际，特别感谢华为张文林、李力、王东、马忠钰、王焱鑫、廖月明、朱亚峰、孔砚、孙瑀蔓等多位专家，他们提出了很多睿智的观点，让这本书的内容更立体、翔实。还要感谢董小英、武连峰、何宝宏三位专家的悉心指导。另外，感谢《中国企业家》杂志社的王芳洁、孙琦、蒋秋榕、崔鹏、梁富海、陈培钧等多位同事，他们在本书创作过程中给予了多方面支持和协助。

智能经济是下一个十年的主战场，有很多未知领域有待开发，有很多案例涌现出来。我们相信，书中的观察和判断，经得起时间和实践的检验。或许未来，"新商业逻辑"将会成为你熟悉和喜爱的一个 IP，其内涵和价值不断丰富，为商业世界呈现更多洞见和思想。